TERRA

Der asiatisch-pazifische Raum und Südasien

Weltwirtschaftsraum im Aufbruch

Ernst Klett Verlag
Stuttgart · Leipzig

Inhaltsverzeichnis

1 Festigen Sie Ihr Wissen

1.1 Der asiatisch-pazifische Raum und Südasien

Aktivraum: Raum, in dem ein hoher Anteil der volkswirtschaftlichen Aktivitäten und der Wertschöpfung eines Landes/einer Region konzentriert ist und von dem Impulse auf den umliegenden Raum ausgehen.
BRIC-Staaten: Brasilien, Russland, Indien, China
Disparität: Ungleichheit zwischen Ländern bzw. Regionen, die sich vor allem in ungleichgewichtigen Lebensbedingungen bzw. -chancen und unterschiedlichen wirtschaftlichen Entwicklungsmöglichkeiten äußert.
Fluggänsemodell: stark vereinfachendes Entwicklungsmodell der wirtschaftlichen Entwicklung ost- und südostasiatischer Länder, die ähnlich dem Formationsflug von Gänsen von einer Leitgans angeführt werden. Dem Leitvogel folgen je nach Entwicklungsstand die Länder Ost- und Südostasiens in größerem oder kleinerem Abstand.
Metropolisierung: das Heranwachsen einer Stadt zur Metropole, die das politische und wirtschaftliche Zentrum eines Landes bildet. Diese Stadt nimmt gegenüber anderen Großstädten des Landes eine überragende Stellung ein (z. B. Mumbay). Vor allem Hauptstädte oder Hafenstädte haben sich rasch zu Metropolen entwickelt, deren Größe und Bedeutung weit über der anderer Städte des Landes liegt.
Tigerstaaten: Bezeichnung für die asiatischen Schwellenländer, also Länder mit hohem Wirtschaftswachstum und dynamischem Industrialisierungsprozess. Zur ersten Generation gehören Südkorea, Taiwan, Hongkong und Singapur. Zur zweiten Generation zählen Indonesien, Malaysia, die Philippinen und Thailand, China folgte.

Neues weltwirtschaftliches Gravitationszentrum
Der asiatisch-pazifische Raum und Südasien haben sich in den letzten Jahrzehnten zu einem **Aktivraum** auf der weltwirtschaftlichen Bühne entwickelt. Insbesondere die **Tigerstaaten** der ersten Generation orientierten sich am Beispiel Japan und bildeten weitere wirtschaftliche Innovationskerne. Diesen Vorbildern folgten u. a. Malaysia und in jüngerer Zeit Vietnam, weshalb zur Veranschaulichung des Wachstumsprozesses das sog. **Fluggänsemodell** (→ S. 15) herangezogen wird.
Die Volksrepublik China hat 1978 eine wirtschaftspolitische Kehrtwende vollzogen: Nach der teilweisen Abkehr von der Zentralverwaltungswirtschaft und der Öffnung des Landes stieg der Staat zu einer der wichtigsten Industrie- und Handelsnationen auf. Indien steht insbesondere durch seine erfolgreiche IT-Industrie in weltweitem Interesse. Beide Länder werden mit Russland und Brasilien zu den sog. **BRIC-Staaten** zusammengefasst, auf die derzeit ein hoher Anteil des weltweiten Wirtschaftswachstums entfällt.

Raum von Disparitäten
Trotz der zunehmenden ökonomischen Bedeutung des Gesamtraums bestehen zwischen den einzelnen Teilräumen große Entwicklungsunterschiede. Hoch entwickelten Staaten wie Japan oder Südkorea stehen Länder mit sehr geringem BIP/Einwohner gegenüber wie z. B. Laos oder Kambodscha. Aber auch in den Staaten selbst bestehen häufig extreme Gegensätze. So zählt Indien zu den heterogensten Ländern der Erde: mehr als ein Dutzend Hauptsprachen, fast alle Religionen der Erde. Auch die sozialen Gegensätze sind extrem: Massenarmut und sagenhafter Reichtum. Der international wettbewerbsfähigen IT-Branche von Bangalore steht nicht selten eine Landwirtschaft mit mittelalterlichen Methoden gegenüber.

Vielfalt als Merkmal
Die Vielfalt ist das Kennzeichnende:
a) beim differenzierten Naturraum. Dieser ist gekennzeichnet durch den eng- und weiträumigen Wechsel von Gebirgen, Beckenlandschaften, Schwemmlandebenen und einem Zusammenspiel mit einem gemäßigten bis tropischen Klima und den daraus folgenden tropischen Regenwäldern bis hin zum borealen Nadelwald und trockenen Wüstengebieten.
b) beim ethnischen Pluralismus. Allein in den sechs Staaten des kontinentalen Südostasiens leben mehr als 150 Ethnien. In der Volkrepublik China gibt es mehr als 50 nationale Minderheiten. Die Zugehörigkeit zu unterschiedlichen Volksgruppen ist meist verbunden mit einer anderen religiösen Grundhaltung, die auch ein anderes Wirtschaftsverhalten bedingen kann.
c) bei den Staatsformen. Das Spektrum reicht von Demokratien (z. B. Indien) über Monarchien (z. B. Brunei) bis hin zu kommunistischen Diktaturen (z. B. Volksrepublik China) und Militärregimen (z. B. Myanmar).
Die unterschiedlichen Ethnien und Staatsformen sind nicht zuletzt eine Folge der geschichtlichen Entwicklung. Über Jahrtausende war der Raum Zuwanderungs- und Expansionsgebiet fremder Völker, nicht zuletzt durch die Europäer, die hier Kolonialreiche errichteten.

Gravitationszentrum der Weltbevölkerung
Im Raum Ost-, Südost- und Südasien leben etwa 55 % der Weltbevölkerung, wobei China und Indien die bevölkerungsreichsten Staaten der Erde sind. In allen Staaten zeigt sich eine starke **Metropolisierung**. Die durchschnittliche Bevölkerungsdichte ist aber nur bedingt aussagekräftig, da extrem verstädterten Gebieten (z. B. der Osten Chinas) menschenleere Gebiete (z. B. der Westen Chinas) gegenüberstehen.

Stadt mit mind > 1 Mio. Einwohnern

1.2 Japan am Scheideweg

BIP (Bruttoinlandsprodukt) und BSP (Bruttosozialprodukt): das BIP erfasst den Geldwert aller Güter, die von den Erwerbstätigen eines Staates in einem Jahr produziert und verkauft wurden sowie die Einnahmen aus Dienstleistungen. Die dabei auf Ausländer entfallenden Leistungen sind mit eingeschlossen. Der Unterschied zum BSP besteht darin, dass beim BSP die Produktion von im Inland angesiedelten ausländischen Firmen nicht gerechnet wird. Das BIP oder BSP pro Kopf der Bevölkerung benutzt man zum weltweiten Vergleich des Wohlstandes der Staaten.

Standortfaktoren: Eigenschaften, die die Attraktivität eines Ortes, einer Region oder eines Staates für ein Unternehmen bestimmen, z.B. Steuersatz, Ressourcenausstattung, politische Stabilität, Verkehrsgunst, etc.

Tertiärisierung: Veränderung von Arbeitsplätzen des Sekundären Sektors durch wachsende Dienstleistungsaufgaben; Ersatz von Arbeitsplätzen des Primären und Sekundären Sektors durch solche des Tertiären Sektors.

Überalterung: eine überalterte Gesellschaft weist einen überdurchschnittlich hohen Anteil älterer Personen im Renten- bzw. Pensionsalter auf. In Japan ist die Überalterung auf ein Geburtendefizit zurückzuführen. In überalterten Gesellschaften wird der Staat durch hohe Sozialausgaben belastet und es kommt zu einem Mangel an qualifizierten Fachkräften.

Räumliche Konzentration: Prozess der Verdichtung von Siedlung, Wirtschaft und Verkehr, insbesondere in Agglomerationen. In Japan ist die räumliche Konzentration eine Folge der Raumenge, die durch das gebirgige Relief verursacht wird. Die räumliche Konzentration führt zu verschiedenen Belastungen, so dass der Staat über planerische Maßnahmen eine Dezentralisierung anstrebt, auch um strukturschwache Räume zu stärken.

Neulandgewinnung: in den Agglomerationen selbst werden durch Aufschüttungsmaßnahmen im Meer und Abtragung am Berg neue Flächen für Siedlung, Industrie und Infrastruktur geschaffen.

Global City: eine Weltstadt mit besonders starker Integration in die Weltwirtschaft; Kriterien, die eine Global City kennzeichnen: hohe Einwohnerzahl, internationales Finanzzentrum, Standort von Hauptquartieren oder Regionalzentren multinationaler Unternehmen, Sitz großer internationaler Institutionen, Knotenpunkt internationaler Transportnetze.

METI Ministry of Economy, Trade and Industry): Japans Ministerium für internationalen Handel und Industrie, das Japans industrielle Entwicklung langfristig plant, finanziell und organisatorisch unterstützt und koordiniert. Dem METI (früher MITI) wird eine entscheidende Rolle beim wirtschaftlichen Aufstieg Japans zugesprochen.

Der wirtschaftliche Aufstieg Japans

Nach dem Zweiten Weltkrieg war Japan weit davon entfernt, zu einer der führenden Wirtschaftsmächte der Welt zu zählen. Industrieeinrichtungen und Infrastruktur waren zerstört und das Land war äußerst ressourcenarm. Dies war ein entscheidender Nachteil in den 50er- und 60er-Jahren des 20. Jahrhunderts, einer Zeit, in der vor allem rohstoffintensive Branchen zum wirtschaftlichen Erfolg eines Landes beitrugen. Dennoch gelang den Japanern ein Wirtschaftswunder. In den 70er- und 80er-Jahren des 20. Jahrhunderts wurde die japanische Wirtschaftsentwicklung im Ausland bereits bewundert, aber auch kritisch gesehen. Man versuchte Erklärungen für den Erfolg insbesondere in den Branchen Eisen- und Stahlerzeugung, Automobilbau, Maschinenbau, Computer und Telekommunikation zu finden.

Die natürlichen **Standortfaktoren** des Landes waren eher hinderlich: Die Lage an einer Plattengrenze führt in Japan zu einem äußerst gebirgigen Relief, zu einer Kleinkammerung des Landes, zu Vulkanismus, zu Erdbeben und durch Seebeben ausgelöste Tsunamis. Auch klimatisch ist das Land benachteiligt: Im Winter behindern auf der Westseite Japans enorme Schneemassen den Verkehr und immer wieder treffen die wegen ihrer Starkregen und hohen Windgeschwindigkeiten gefürchteten Taifune das Land.

Deshalb scheinen die menschlichen Standortfaktoren für den Erfolg Japans maßgeblich zu sein. Das Land weist eine hohe politische Stabilität auf. 50 Jahre lang regierte die LDP, die den wirtschaftlichen Aufstieg forcierte, indem sie durch das **METI** planerisch und organisatorisch eingriff, aber auch, indem sie einheimische Produkte subventionierte und den Import ausländischer Produkte durch Schutzzölle und nicht-tarifäre Handelshemmnisse erschwerte. Gerade diese Politik wurde im Ausland kritisiert. Heute öffnet sich das Land und lässt auch ausländische Mitbewerber auf den heimischen Markt. Dennoch haben es diese schwer, weil die japanischen Unternehmen durch das System des Keiretsu eng miteinander verbunden sind und es feste Lieferbeziehungen untereinander gibt.

Das japanische Wertesystem

Neben der engen Verquickung von Wirtschaft und Politik waren der Fleiß, die Lernbereitschaft, die Ausdauer, das Harmoniestreben und die Zielstrebigkeit der Bevölkerung weitere wichtige menschliche Ausgangfaktoren für den Erfolg. Das japanische Wertesystem, das auf

M 1 ***Naturgefahren in Japan (Entwurf Dr. Rolf Ziegler)***

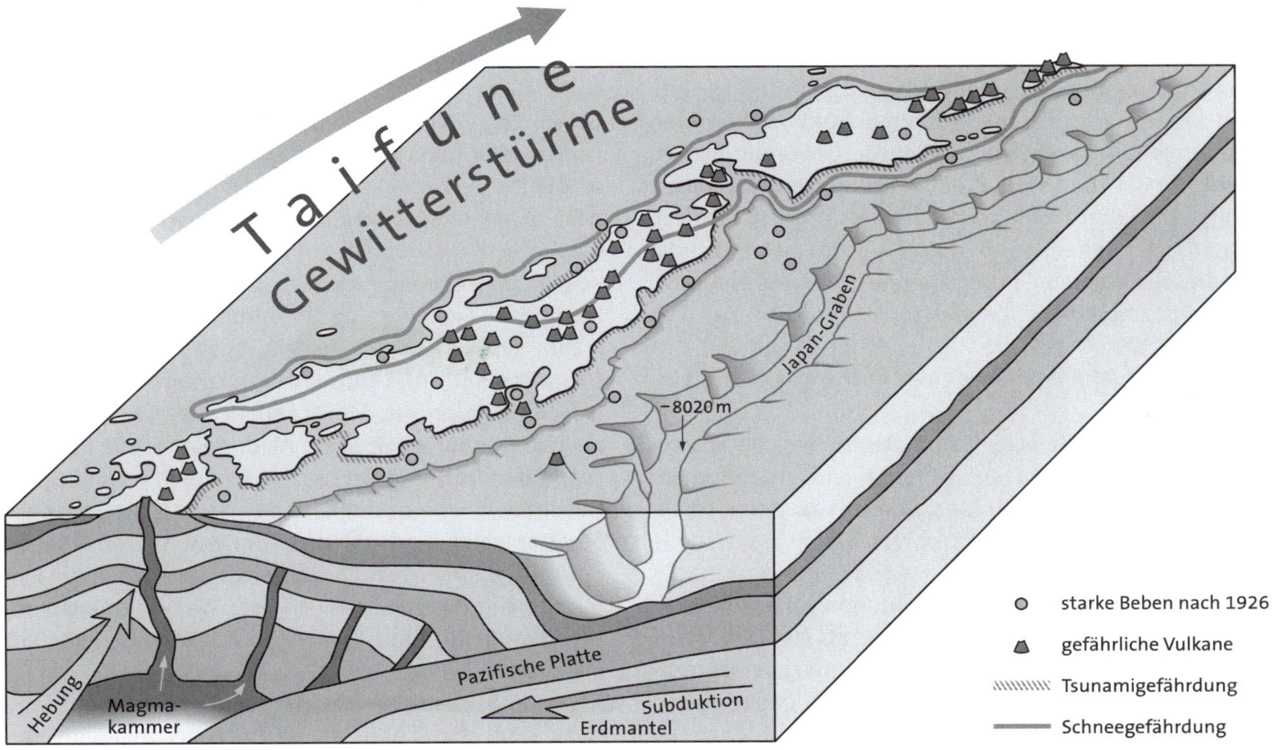

Nach: TERRA: Der asiatisch-pazifische Raum und Südostasien. Klett: Stuttgart, Leipzig 2010, S. 20

dem Shintoismus, dem Buddhismus und dem Konfuzianismus beruht, fördert diese menschlichen Eigenschaften. Sie beeinflussen nachhaltig die Wirtschaft, weil sich die Belegschaft immer voll für ihren Betrieb einsetzt, nach Verbesserungsmöglichkeiten sucht und es nahezu keine Streiks gibt. Auch die Rolle der Frau hat für Japans Wirtschaft entscheidende Vorteile: Frauen sehen sich in Japan als Familienmanagerinnen und arbeiten allenfalls als niedrig bezahlte Teilzeitkräfte. Gerade diese Niedriglohnpolitik, vor allem in Zulieferbetrieben, ermöglichte Japan niedrige Lohnstückkosten, so dass die japanischen Betriebe mit sehr günstigen Produkten auf den Markt drängen konnten und dort Wettbewerbsvorteile hatten. Heute ist das Wertesystem im Umbruch. Es wollen nicht nur mehr Frauen arbeiten, sondern auch die Jugend zeigt ein geändertes Freizeitverhalten. Die Firma steht nicht länger allein im Vordergrund, auch Familie und Freunde werden als wichtig für die Lebensqualität angesehen. Zudem ist die Bevölkerung **überaltert**, weil die japanische Lebenserwartung sehr hoch liegt und die Geburtenziffer niedrig ist. Dies führt zu zwei gravierenden Nachteilen: Zum einen fehlen den Betrieben zunehmend junge Mitarbeiter, die bereit sind, sich für die Firma aufzuopfern, zum anderen ist der Staat durch hohe Sozialausgaben (Renten- und Gesundheitswesen) belastet. Vorteilhaft erweisen sich nach wie vor die hohe Lernbereitschaft und die Innovationsfreude der Japaner.

Japans Wirtschaft heute

Betrachtet man Japans wirtschaftliche Kennzahlen (**BSP**/Kopf, Gesamt-**BIP**, Arbeitslosenquote, HDI → S. 11) im internationalen Vergleich, so fällt auf, dass Japan noch immer eine Spitzenposition einnimmt. Vergleicht man jedoch die japanischen Zahlen mit denen der Vorjahre, so kann die japanische Wirtschaftskrise nicht verleugnet werden.

Vor allem die extrem hohe Staatsverschuldung ist augenfällig. Die Gründe dafür liegen vor allem in der Bankenkrise der 90er-Jahre des 20. Jahrhunderts, als die Bubble Economy (Seifenblasenwirtschaft) platzte, weil die Immobilien überbewertet waren und Kredite nicht zurückgezahlt werden konnten. Zu dieser Zeit nahm der japanische Staat viel Geld auf, um Unternehmen und Banken zu unterstützen. Ein weiterer Grund für die japanische Krise ist die Abhängigkeit vom Weltmarkt. Gerade die globale Wirtschaftskrise der Jahre 2008–2010 traf die Exportnation Japan hart. Immer mehr Außenhandelspartner brachen weg und der Konsum ging zurück, auch im Inland.

Heute beschreitet Japan andere Wege. Es ist nicht länger die Industrie allein, die den wirtschaftlichen Erfolg trägt, sondern auch der Tertiäre Sektor. Japan entwickelt sich zu einer Dienstleistungsgesellschaft (**Tertiärisierung**), in der Informationen, Wissen, der Finanzsektor und die Branchen Telekommunikation, Freizeit und Gesundheitswesen eine entscheidende Rolle spielen.

Diversifizierung der wirtschaftlichen Sektoren

Derzeit möchte sich Japan sogar als internationales Reiseland etablieren.

Im Bereich der Industrie verlagern die japanischen Unternehmen viele Produktionsstätten ins Ausland, um weiterhin mit günstigen Produkten konkurrieren zu können. Anfangs wurde vieles in China produziert, heute findet man viele Produktionsstätten in anderen Billiglohnländern des asiatischen Raumes. Um diese Lieferbeziehungen langfristig zu sichern, setzt sich die japanische Staatsregierung für die Errichtung einer asiatisch-pazifischen Freihandelszone ein.

Japan – aktuelle Probleme eines hoch entwickelten Industrielandes

Japan kann als Beispiel dafür dienen, welche Probleme aktuell die hoch entwickelten Industrienationen treffen. Es ist typisch für Japan, dass es zu vielen dieser Probleme Lösungsansätze gibt, von denen zugleich die Wirtschaft profitiert.

Umweltprobleme: Lange Zeit wurde in Japan die Umweltproblematik vernachlässigt. Erst als viele Krankheiten auftauchten, die allein auf der Umweltverschmutzung basierten und die Bevölkerung begann, diesen Missstand nicht länger hinzunehmen, wurden neue Konzepte erwogen. Es wurden strengere Gesetze und Schadstoffrichtlinien verabschiedet und Verfahren entwickelt, um diese neuen Richtlinien einzuhalten. Diese Technologien erwiesen sich bald als Exportschlager.

Disparitäten: Bedingt durch die Raumenge kommt es in Japan zur räumlichen Konzentration. In den Küstengebieten der Ostseite, vor allem auf der Hauptinsel Honshu, ballen sich Industrie, Siedlung und Verkehr. Gerade in der **Global City** Tokyo belasten Staus, Verkehrschaos, lange Pendelwege, hohe Schadstoffwerte, Lärm und hohe Preise Bevölkerung und Raum. Dagegen sind die Westseite, der Norden und das Bergland nur schwach besiedelt und die Aufrechterhaltung der Infrastruktur verursacht hohe Kosten. Die Regierung versucht deshalb durch Technopolen und die Verbesserung der unmittelbaren Lebensumstände eine Dezentralisierung voranzutreiben.

Überalterung: Aufgrund des exzellenten Gesundheitswesens werden die Menschen in Japan sehr alt. Da auch die Geburtenrate sehr niedrig ist, ist die Bevölkerung **überaltert** und der Staat wird durch Ausgaben für Gesundheit, Pflege und Renten belastet. Da in Japan die Staatsverschuldung ohnehin immens ist, muss Japan dem entgegenwirken. Derzeit erleichtert Japan die Einreisebestimmungen für Ausländer, was einen weiteren Wertewandel in der vormals homogenen Gesellschaft bedeutet.

Abhängigkeit vom Weltmarkt: Japan ist als Exportland stark von den konjunkturellen Schwankungen des Weltmarktes abhängig. Um dieser Abhängigkeit zu entfliehen, muss die Binnennachfrage gestärkt werden – entweder durch Konsumanreize oder durch eine wachsende Bevölkerung.

1.3 Volksrepublik China – Weltmacht des 21. Jahrhunderts

Agronomische Trockengrenze: Grenze des aufgrund ausreichender Niederschläge möglichen Ackerbaus.

Ausländische Direktinvestitionen (ADI) (engl. FDI = Foreign Direct Investment): Kapitalanlagen im Ausland durch Erwerb von Eigentumsrechten, z. B. an Unternehmen oder an Immobilien, auch der Erwerb ausländischer Aktien fällt darunter.

Autarkie: ein Land ist nicht auf die Einfuhr von Gütern angewiesen, sondern erzeugt alles selbst.

Desertifikation: Entstehung wüstenähnlicher Bedingungen bzw. Ausbreitung von Wüsten infolge der Übernutzung des Ökosystems.

Ein-Kind-Programm: Einführung der staatlich vorgeschriebenen Kinderzahl eines Ehepaares auf ein Kind, um die Bevölkerungsexplosion zu stoppen.

Erosion: Bodenabtragung; in China ist in besonderem Maße das Lössbergland von Erosion durch Wasser betroffen.

Handelsbilanz: Aufrechnung des Exports gegen den Import eines Landes in einem Jahr.

Hukou-System: System der Wohnsitzkontrolle, das einen Wohnsitzwechsel unmöglich machte, da man ein Leben lang am registrierten Haushaltssitz bleiben musste.

Joint Venture: Zusammenschluss von selbstständigen Unternehmen (meist aus verschiedenen Staaten) zur Durchführung gemeinsamer Projekte, die alleine nicht realisiert werden könnten.

Löss: ein vom Wind während der Kaltzeiten (Eiszeiten) herantransportiertes Lockersediment; auf ihm bilden sich aufgrund seiner komplexen Kapillarstruktur fruchtbare Böden.

Monsun: Windsystem in Asien; im Winter trockener Wind aus Zentralasien kommend, im Sommer feuchter Wind vom Chinesischen Meer bzw. Pazifik her wehend.

nichttarifäre Handelshemmnisse: Protektionistische Maßnahmen, die die heimische Wirtschaft schützen sollen, ebenso wie tarifäre Handelshemmnisse (= Zölle). Nichttarifäre Handelshemmnisse sind z. B. ausgeklügelte technische Vorschriften, die die ausländische Konkurrenz abhalten sollen.

Pazifischer Feuergürtel: Gürtel von Vulkanen, der den Pazifischen Ozean umgibt und an den Plattengrenzen bzw. Subduktionszonen sich in noch tätigen bzw. nicht mehr tätigen Vulkanen zeigt.

Satellitenstadt: Entlastungsstadt im Umfeld einer größeren Stadt, die vielfältig ausgestattet ist (Arbeitsplätze, Einkaufsmöglichkeiten, Bildungs- und Freizeiteinrichtungen und Wohnungen).

Sinisierung: Übertragung bzw. Übernahme der chinesischen Kultur durch andere Völker.

Taifun: tropischer Wirbelsturm in Ost- und Südostasien.

Tragfähigkeit: umfasst die Zahl von Menschen, die von einem Raum auf agrarischer Grundlage auf Dauer unterhalten werden kann, ohne den Naturhaushalt nachhaltig zu belasten.

Transformation: Übergang von der Zentralverwaltungs- zur Marktwirtschaft bzw. Abkehr von den kommunistisch-sozialistischen Gesellschaftsidealen und die Hinwendung zu mehr Demokratie in den Ländern des ehemaligen Ostblocks.

Verstädterungsprozess (auch als Urbanisierungsprozess bezeichnet): Zunahme an städtischer Bevölkerung, aber auch die Zunahme der Zahl der städtischen Siedlungen und deren Bevölkerungswachstum.

China ist mit ca. 9,5 Mio. km² Fläche das drittgrößte Land der Erde. Die Ausdehnung von Nord nach Süd und von Ost nach West beträgt jeweils über 5 000 km. Aufgrund der kontinentalen Ausmaße ist das Land mit fast allen auf der Erde vorkommenden Klima- und Landschaftszonen ausgestattet und bietet daher differenzierte Nutzungsmöglichkeiten für Land- und Forstwirtschaft sowie auch für den Tourismus. Jedoch sind der wirtschaftlichen Nutzung auch deutliche Grenzen gesetzt. Dies liegt an der Höhenlage und dem Relief weiter Gebiete, sowie an der Verfügbarkeit von Wasser und auch an den Böden. Die wirtschaftlichen Aktivitäten werden auch immer wieder durch Naturkatastrophen empfindlich beeinträchtigt.

Relief

Ein Drittel Chinas wird durch steile Hochgebirge eingenommen, ein weiteres Viertel von vegetationsarmen Hochplateaus. Diese Gebiete sind landwirtschaftlich nur bedingt nutzbar. Der Osten Chinas wird von großen Schwemmlandebenen eingenommen, die immer wieder überflutet werden. Das eigentlich sehr fruchtbare **Lössbergland** ist geprägt von tiefen Erosionsrinnen und steilen Hängen.

Klima

China lässt sich – grob betrachtet – in einen trockenen Westen und einen feuchten Osten einteilen. Die 500-mm-Jahresniederschlagsgrenze – etwa die Verbindungslinie von der Ostgrenze zur Mongolei in Richtung Nordostgrenze zu Birma – ist die agronomische **Trockengrenze**: östlich Ackerbau, westlich nur sporadische Weide- und Oasenwirtschaft. Ursachen für die klimatische Zweiteilung sind das Relief, die zunehmende Kontinentalität in Richtung Westen und monsunale Winde: im Winter eine trockene Luftströmung von Nordwesten nach Südosten, im Sommer umgekehrt.

Böden
Die agrarisch nutzbaren Böden sind sehr ungleich verteilt. Die fruchtbarsten Böden befinden sich im östlichen Lössbergland. Das Lössbergland ist jedoch nur inselhaft aufgebaut und stark zerklüftet aufgrund der **Erosion**. Auf den Böden der west- und nordwestchinesischen Halb- und Randwüsten (z. B. Gobi) ist aufgrund des Bewuchses mit Gras und Büschen noch teilweise Weidewirtschaft möglich. Die Vollwüsten (z. B. im Tarimbecken) sind fast ohne landwirtschaftliche Nutzung. Die Kernräume der chinesischen Landwirtschaft sind deshalb die Schwemmlandflächen im Osten in Küstennähe. Hier haben die großen Flüsse fruchtbare Böden angeschwemmt, die intensiv agrarisch genutzt werden.

Vegetation
Mit Ausnahme der Tundra kommen in China alle Vegetationsformen vor: Das reicht von den tropischen Regenwäldern bis hin zu den Nadelwäldern der Borealen Zone. Von Südosten nach Nordwesten lässt sich eine Abfolge von Wäldern über Steppen bis hin zu Wüsten beobachten, eine Folge des Klimas, der Höhenlage und der zunehmenden Kontinentalität. Allerdings sind aufgrund der wirtschaftlichen Nutzung in weiten Teilen Chinas nur noch Reste der ursprünglichen Vegetation vorhanden.

Naturräumliche Risiken
In China treten immer wieder verheerende Erdbeben auf, u. a. wegen der Lage am Rand des **pazifischen Feuergürtels**, aber auch die jährlich auftretenden **Taifune** und die damit einhergehenden Überschwemmungen stellen beträchtliche Georisiken dar. Auf der anderen Seite ist auch auf die zunehmende **Desertifikation** im Nordwesten Chinas hinzuweisen.
China war zu allen Zeiten das volkreichste Land der Erde. Aus diesem Grund haben demografische Fragen und Probleme immer eine zentrale Rolle in China gespielt. Mit über 1,3 Mrd. Menschen ist die **Tragfähigkeit** des Landes möglicherweise erreicht.

Bevölkerungswachstum ohne Ende?
Die Bevölkerung hat sich seit der Gründung der Volksrepublik 1949 bis zum Jahr 2008 von ca. 563 Mio. auf 1,32 Mrd. mehr als verdoppelt. Damit wuchs sie im Durchschnitt der letzten 60 Jahre jährlich um gut 13 Mio. an, allerdings seit 2000 nur noch um ca. 8 Mio. jährlich. Dies bedeutet eine schwer lösbare Aufgabe im Hinblick auf zusätzliche Nahrungsmittel, Wohnungen und Ausbildungs- bzw. Arbeitsplätze. Um das Bevölkerungswachstum zu bremsen, wurde ab 1979 die **Ein-Kind-Familie** proklamiert, die mit Anreizen und Sanktionen versucht wurde durchzusetzen. Erst Anfang 2000 erfolgte eine starke Aufweichung dieses Programms, wobei zu berücksichtigen ist, dass bereits vorher zahlreiche Ausnahmen bestanden, z. B. für Bauern. Zwischenzeitlich ist ein deutlicher Rückgang der Geburtenrate und eine Verringerung des Bevölkerungsanstiegs zu vermelden. Man schätzt, dass China ohne massive bevölkerungspolitische Eingriffe heute ca. 300 Mio. Einwohner mehr hätte. Auch der Altersaufbau der Bevölkerung hat sich deutlich verschoben: Aus der Bevölkerungspyramide von 1950 entwickelt sich die typische Urnenform für Industrieländer. Bis 2050 ist mit einer erheblichen Überalterung der chinesischen Bevölkerung zu rechnen, mit allen daraus folgenden Problemen.

Räumliche Bevölkerungsbewegung
Mit der kommunistischen Machtübernahme 1949 wurde auch die räumliche Bevölkerungsbewegung zur Planungsgröße. Um die Wanderungsbewegungen der Bevölkerung vom Land in die Städte und aus dem trockenen Westen und aus Zentralchina in den stark bevölkerten Osten zu steuern, wurde 1958 das sog. **Hukou-System** eingeführt, das unkontrollierte Wohnsitzwechsel verhindern sollte. Als Folge davon wurde zwar die Bildung von Elendsvierteln an den Stadträndern verhindert, aber es kam trotzdem zu unkontrollierten Wanderungen und es bildete sich ein Heer von Wanderarbeitern von heute mehr als 200 Mio. Menschen, die in den wachstumsstarken Küstenprovinzen des Ostens leben und Voraussetzung für den wirtschaftlichen Aufschwung waren und sind. Inzwischen existiert das Hukou-System nur noch in stark abgeschwächter Form.

Extreme Verstädterung
Im Jahr 1953 lebten nur 13 Prozent der chinesischen Bevölkerung in Städten, 2007 waren es 45 Prozent. Da inzwischen die Gesamtbevölkerung sich mehr als verdoppelt hat, hat dies zu einem extremen **Verstädterungsprozess** geführt. Im Küstenraum sind riesige Stadtagglomerationen entstanden. Häufig sind diese Städte Ausdruck einer hemmungslosen wirtschaftlichen Entwicklung, wobei z. B. unter Stadtsanierung hauptsächlich flächenhafter Abriss und anschließender Neubau ganzer Stadtviertel im westlichen Stil bedeutet. Dies hat zu einer totalen Überformung der traditionellen chinesischen Stadt geführt. Der Verstädterungsprozess ist auch von einer zunehmenden Segregation der Bevölkerung begleitet. Einkommensschwächere Schichten leben in Plattenbauten oder in neu entstandenen Slumsiedlungen, während gleichzeitig statushohe Wohnviertel für eine wachsende Mittel- und Oberschicht entstehen. Es werden auch **Satellitenstädte** gebaut, die oft von einem bestimmten Industriezweig geprägt sind, wie z. B. die Automobilstadt Anting bei Shanghai.

China – auch ein Land ethnischer Minderheiten
Es leben in China 55 ethnische Minderheiten mit insgesamt über 123 Mio. Menschen. Rein rechtlich besitzen die Minderheiten viele Autonomiebefugnisse, die in der

Realität jedoch stark eingeschränkt sind. Es findet ein **Sinisierungsprozess** statt.

Ab 1978 wurde in der Volksrepublik China mit den „Vier Modernisierungen" in Landwirtschaft, Industrie, Wissenschaft/Technik und im Militär begonnen. Dies war der Anfang eines Prozesses, der aus der Zentralverwaltungswirtschaft Chinas mit ihrer Planwirtschaft zu einer Abkehr von kommunistischen Gesellschaftsidealen führte. Außerdem öffnete sich das Land nach außen. Damit wurde ein **Transformationsprozess** eingeleitet, der das Land zur zweitwichtigsten Wirtschaftsnation der Erde und zum Exportweltmeister werden ließ.

Chinas Agrarwirtschaft

Chinas Landwirtschaft war ab 1978 das Versuchsfeld für die folgenden wirtschaftlichen Reformen. Man löste die Volkskommunen auf und führte die landwirtschaftliche Nutzfläche auf Pachtbasis in private Bewirtschaftung über. Eine Familie kann ein „mu" Land (666 qm) pachten, was zwar einerseits die Erträge in der Landwirtschaft stark ansteigen ließ, andererseits aber bis heute zu einer extremen betrieblichen Kleinstrukturierung führt, was etwa den Einsatz größerer Maschinen und auch Düngemitteleinsatz usw. erschwert. Deshalb ist bis heute die menschliche Arbeitskraft der wichtigste Produktionsfaktor der chinesischen Agrarwirtschaft.
Der Anteil der Beschäftigten in der Landwirtschaft an allen Beschäftigten betrug 2007 41 %, in absoluten Zahlen: ca. 341 Mio., deutlich mehr als im Jahr 1978. Der Agrarsektor ist bis heute Auffangbecken des Bevölkerungszuwachses. Jedoch erwirtschaftete dieser Sektor 2007 nur 11 % des BIP.
Man kann China in Agrarzonen gliedern. Symbolisch ordnet man ihnen Farben zu:
a) Grünes China (Reisanbau im Südosten)
b) Gelbes China (Weizenanbau im Nordosten)
c) Braunes China (Steppen und Wüsten mit Nordwesten mit sporadischer Weidewirtschaft bzw. Oasen)
d) Weißes China (Hochlandgebiete mit extensiver Weidewirtschaft).

Industrielle Entwicklung im Rahmen der Reformprozesse

Aufgrund der positiven Erfahrungen mit der Landwirtschaft kam es auch in der Industrie zu einem Transformationsprozess. Im Unterschied zu Russland wurde bis heute jedoch die Zentralverwaltungswirtschaft nicht völlig abgeschafft, vielmehr wurde eine Parallelpolitik entwickelt, also ein Nebeneinander von Planwirtschaft und Marktwirtschaft. Die Zweigleisigkeit besteht ebenso bei den Eigentumsformen, bei denen neben dem weiter bestehenden Staatseigentum verschiedene Formen des Kollektiveigentums und des Privateigentums existieren.

Eine entscheidende Neuerung im Rahmen der Reformprozesse nach 1978 war die Öffnung des Landes und damit auch eine Abkehr von der bis dahin praktizierten **Autarkiepolitik**. Die Öffnung der chinesischen Volkswirtschaft bedeutete nicht nur eine rasche Ausweitung der Außenhandelsbeziehungen mittels Exporten und Importen, sondern vor allen Dingen auch die Zulassung ausländischer Investitionen in gesondert ausgewiesenen **„Geöffneten Gebieten"** (Sonderwirtschaftszonen, „Geöffnete Küstenstädte" usw.) an der Küste. Die „Geöffneten Gebiete" entwickelten sich zu „Spielwiesen des Kapitalismus und der Marktwirtschaft". Es siedelten sich zahlreiche ausländische Unternehmen an. Die wirtschaftlichen Erfolge der mit Sonderrechten ausgestatteten Gebiete führten dazu, dass ab 1994 das gesamte System mit seinen Privilegien auch im Binnenland eingeführt wurde.
Seit 1980 wächst die Industrieproduktion im Durchschnitt der Jahre um etwa 15 %, das Inlandsprodukt insgesamt „nur" um ca. 10 %. D. h., das chinesische „Wirtschaftswunder" wird von der Industrie getragen.
Das Wachstum der Industrie ist begleitet von einem Wandel der Industriestruktur. In der Zeit vor 1978 war die Industrie durch die Schwerindustrie geprägt. Mit der Öffnung des Landes fand ein Wandel zur Leichtindustrie, wie z. B. der Herstellung von Kleidung, statt. Heute ist China auch ein Zentrum bei Produktion elektronischer Komponenten für Computer oder Mobiltelefone. Die Leistungsfähigkeit der chinesischen Industrie wird heute auch durch eine eigene Luft- und Raumfahrtindustrie demonstriert.
Die Öffnung des Landes mit der Errichtung von **Sonderwirtschaftszonen** usw. führte auch zu einer Umwertung der Industriestandorte. Der Aufschwung des Ostens war eine Abkehr der Standortpolitik in maoistischer Zeit, in der der Binnenraum im Zentrum der staatlichen Förderung stand. Der Bedeutungsverlust der Schwerindustrie und die Hinwendung zur Leichtindustrie in Küstennähe führten dazu, dass z. B. der Nordosten, basierend auf Kohle und Stahl, zum „Rustbelt" Chinas wurde.
Chinas Industrie erwirtschaftete 2007 ca. die Hälfte des BIP, stellte 27 % aller Arbeitsplätze (ca. 206 Mio. Menschen) und hatte einen Anteil von 95 % an den Exporterlösen.

Von der Autarkie zum Exportweltmeister

Im Jahre 2009 war China das Land mit den größten Exporterlösen (ca. 1 194 Mrd. US-$). Im Vergleich zum Jahr 1978 haben sich die Exporte etwa um das 120-fache erhöht. Die Gründe der extremen Bedeutungszunahme der Exporte (aber auch der Importe) sind in der stufenweisen Liberalisierung des Außenhandels zu suchen, verbunden mit einer exportorientierten Entwicklungsstrategie und dem Zufluss ausländischer Direktinvestitionen. An den Exporterfolgen sind in hohem Maße

Unternehmen beteiligt, die mit ausländischem Kapital in den geöffneten Gebieten gegründet wurden. Eine weitere Ursache für den Anstieg der Exporte ist deren Förderung durch den Staat. 2001 trat China der Welthandelsorganisation WTO bei und hat seitdem den Außenhandel weiter liberalisiert und bestehende Handelshemmnisse z. T. abgebaut.

Chinas Aufstieg zu einer der wichtigsten Exportnationen ist vor allem auf das Ausnützen der Kostenvorteile bei der Produktion einfacher arbeitsintensiver Produkte zurückzuführen, da die Löhne im Vergleich zu den westlichen Industriestaaten konkurrenzlos niedrig sind. China gilt bis heute als verlängerte „Werkbank der Welt", wo man Teile billig herstellen lassen kann. Aber der Export von hochwertigen Gütern nimmt immer mehr zu.

Weltweit werden immer wieder die unfairen Handelspraktiken Chinas beklagt. So sind Urheberrechtsverletzungen und **nichttarifäre Handelshemmnisse** mit eine Ursache für Überschüsse der **Handelsbilanz**. Auch der stark unterbewertete Yuan gilt als Dopingmittel für Chinas Exporte.

Ein Land, das viel exportiert, muss auch viel importieren: Rohstoffe, Energien, Halb- und Fertigfabrikate, neue Technologien. Der weltweite Aufkauf von Rohstoffen ruft auch Kritik hervor: Das Bild vom riesigen „Staubsauger" China macht sich breit, das Land, das aufgrund seines Rohstoffhungers für weltweit steigende Energie- und Rohstoffpreise verantwortlich ist.

Ausländische Direktinvestitionen (ADI)

Seit der Öffnung des Landes macht sich China in hohem Maße ausländische Direktinvestitionen zunutze. Wurden anfänglich noch Lohnveredelungs- und Kompensationsgeschäfte abgeschlossen, dann **Joint Ventures**, so sind heute ganz im ausländischen Eigentum stehende Unternehmen üblich. Im Jahre 2008 flossen etwa 10 % der weltweiten **ADI** nach China. Kumuliert waren dies bis zu diesem Jahr ca. 870 Mrd. US-$. Die Hälfte von Chinas Exporten wird von auslandsfinanzierten Unternehmen getätigt.

Die wichtigsten Herkunftsgebiete der ADI sind Hongkong, USA, Japan, Taiwan, Südkorea, Singapur und die EU-Staaten. Viele der Investitionen werden von Auslandschinesen getätigt.

China besitzt die größten Devisenreserven der Welt, 2009 waren dies mehr als 2 Billionen US-$. Durch die Anlage dieser Reserven ist China zu einem der bedeutendsten Akteure auf dem Kapitalmarkt geworden. Es werden weltweit Beteiligungen von Unternehmen, Banken und insbesondere auch von Rohstoffkonzernen erworben, um die Energie- und Rohstoffbasis des Landes durch Beteiligungen im Ausland zu sichern.

Dienstleistungssektor

Bezogen auf die gesamte Volkswirtschaft ist der Dienstleistungssektor – verglichen mit westlichen Industriestaaten – in China noch von geringerer Bedeutung. Nur ein Drittel der Beschäftigten und ca. 40 % des BIP entfallen auf ihn. So ist etwa das Finanz- und Versicherungswesen noch nicht so stark entwickelt bzw. es sind hier noch Entwicklungsreserven vorhanden. Jedoch ist die Bedeutung des tertiären Sektors regional sehr unterschiedlich ausgeprägt. So war z. B. in Shanghai bereits um die Jahrtausendwende der Dienstleistungssektor wirtschaftlich wichtiger als die Industrie. Auch wird der Dienstleistungssektor häufig noch durch sehr einfache Tätigkeiten geprägt, etwa z. B. das Tragen von Lasten u. ä.

Auswirkungen des wirtschaftlichen Wandels

a) räumlich: es bestehen große Einkommens- und Vermögensunterschiede zwischen den Städten im Osten und dem ländlichen Raum im Hinterland.

b) sozial: die Einkommensunterschiede z. B. zwischen den Wanderarbeitern und der städtischen Mittel- und Oberschicht sind extrem. Allerdings: der Masse der Chinesen ging es wirtschaftlich noch nie so gut wie jetzt.

c) ökologisch: China zählt – absolut betrachtet – zu den größten Umweltsündern der Erde. Entwaldung, Bodenerosion, Desertifikation, Schadstoffemissionen, Ressourcenverbrauch usw. sind einige der Probleme. Bezogen auf den Einwohner sind jedoch z. B. die Schadstoffemissionen deutlich niedriger als in Deutschland.

1.4 Indien – größte Demokratie der Welt zwischen High-Tech und Armut

Alphabetisierungsquote: Anteil der Bevölkerung, der lesen und schreiben kann (Gegenteil: Analphabetenquote), als Indikator für das Bildungsniveau.

Armutsgrenze: Einkommensgrenze, unterhalb derer die Grundbedürfnisse nicht mehr befriedigt werden können und daher die physische Existenz gefährdet ist. Als Indikator gilt oft die Verfügbarkeit von 1 US-$ pro Tag für den Lebensunterhalt. Grundbedürfnisse beziehen sich allerdings nicht nur auf das Einkommen, sondern auch z. B. auf Infrastrukturzugang.

Gesamtfruchtbarkeitsrate: durchschnittliche Anzahl von Kindern, die eine Frau in ihrem Leben gebärt, wenn die heutige altersspezifische Geburtenrate während ihrer fruchtbaren Jahre (zwischen dem 15. und 49. Lebensjahr) konstant bleibt.

HDI (Human Development Index): Index der menschlichen Entwicklung. Entwicklungsindex aus verschiedenen wirtschaftlichen und sozialen Indikatoren (Einkommen, Bildung, Lebenserwartung), nach dem alle Mitgliedsstaaten der UN in eine Reihenfolge gebracht werden. Der höchste Rang liegt bei 1. Der Durchschnittswert der Industrieländer liegt bei 0,93, bei den Entwicklungsländern bei 0,64. Der HDI wird seit 1990 im jährlich erscheinenden Human Development Report des United Nations Development Programme (UNDP) veröffentlicht.

High-Tech-Industrie: Industrie, die Waren der Hochtechnologie, wie z. B. Computer oder Geräte der Telekommunikation, herstellt.

informeller Sektor: Hier arbeiten marginalisierte Menschen oft halb legal, illegal oder sogar kriminell ohne Arbeitsverträge und soziale Absicherung und, obwohl Unternehmen auch Mitarbeiter haben, ohne Steuern und Sozialabgaben.

Kaufkraftparitäten (KKP): Umrechnungswert, der die reale Kaufkraft der Landeswährung gegenüber dem US-$ berücksichtigt: Engl.: Purchasing Power Parity (PPP).

Landflucht: Wanderungsbewegung aus dem ländlichen Raum in die Städte, meist wegen unzureichender Lebensbedingungen auf dem Land.

regionale Disparitäten: Unterschiede in der Struktur einzelner Teilräume eines Landes.

Slums of hope: Marginalviertel mit hohem endogenen Entwicklungspotenzial, das in dem Aufstiegswillen und der Kreativität ihrer Bewohner begründet liegt (Gegenteil: Slums of despair).

soziale Disparitäten: Unterschiede in der gesellschaftlichen Struktur einzelner Teilräume eines Landes.

Naturraum und Klima

Der indische Subkontinent ragt wie ein Dreieck in den Indischen Ozean hinein. Er entstand, als vor über 20 Millionen Jahren die kontinentale indische Platte nach Norden driftete und auf den Südrand des damaligen eurasischen Kontinents aufprallte, ihn auffaltete und sich z. T. in einer Subduktionszone unter ihn schob, ein Vorgang, der bis heute anhält. Er gliedert sich in

– die junge Faltengebirgszone des Himalaya im Norden des Landes (bis über 8 000 m Höhe),
– die Tiefebenen von Indus, Ganges und Brahmaputra,
– das Hochland von Dekkan mit den West- und Ostghats sowie den vorgelagerten Küstenebenen.

Das Klima Indiens wird von jahreszeitlich wechselnden Winden, den Monsunwinden, geprägt. Der sommerliche Südwestmonsun (Sommermonsun), ein über dem Äquator nach Osten abgelenkter Südost-Passat, bringt für große Teile des Landes ergiebige Niederschläge. Die winterliche, trockene Passatströmung wird als Nordostmonsun (Wintermonsun) bezeichnet.

Der indische Elefant erwacht

Indiens statistische Grunddaten sind beeindruckend: Zwar ist der Subkontinent mit 3,3 Millionen km² „nur“ das siebtgrößte Land der Erde, aber mit knapp 1,2 Milliarden Einwohnern hinter China der Staat mit der zweitgrößten Bevölkerungszahl. Vor rund einhundert Jahren zählte er lediglich 252 Millionen (1911). Auch die indische Wirtschaft ist in den letzten beiden Dekaden so beeindruckend gewachsen, dass Indien sich mittlerweile – nach jahrzehntelanger Abschottung vom Weltmarkt – zu einer ernst zu nehmenden Wirtschaftsmacht entwickelt hat, die allerdings noch unter extremen **sozialen Disparitäten** und vielfältigen ökonomischen Schwierigkeiten zu leiden hat. Die größte Demokratie der Welt weist eine enorme Spannweite zwischen **High-Tech** und Armut auf. Die Reformen der vergangenen Jahre zeigen jedoch deutlich, welch riesiges Potenzial in dem Land steckt und wie überfällig die wirtschaftliche Öffnung und die Deregulierung gewesen sind. Als im Jahre 1991 die damalige Regierung dafür den Grundstein gelegt hat, stand Indien noch als Synonym für Armut und Unterentwicklung. Auch heute, rund 20 Jahre später, ist Indien ein armes Land. 300 bis 400 Millionen Menschen leben unterhalb der **Armutsgrenze**. Fast zwei Drittel der Bevölkerung leben von der Landwirtschaft. Gleichzeitig gibt es aber kaum ein Land, das derart von Gegensätzen geprägt ist wie Indien – nicht zuletzt auch bei der Schere zwischen Reich und Arm. So wuchs laut einer Erhebung von 2010 die Zahl der indischen Milliardäre innerhalb von einem Jahr von 24 auf 50, und in den Top 5 der reichsten Menschen dieser Welt sind mit Mukesh Ambani (29 Mrd. US-Dollar) und Lakshmi Mittal (28,7 Mrd. US-Dollar) gleich zwei Inder vertreten. Durch das schnelle Wachstum im Industrie- und Dienstleistungsbereich hat sich mittlerweile, vor allem in den Städten, eine Mittelschicht herausgebildet, die etwa 20 % der Bevölkerung ausmacht. Das sind rund 240 Mio. Menschen, rund dreimal die Gesamtbevölkerung Deutschlands. Gemessen am westlichen Einkommensniveau umfasst die Mittelschicht immerhin 60 Millionen Menschen und ist damit größer als die Bevölkerung Frankreichs.

Die **Infrastruktur** Indiens ist zu weiten Teilen in einem hoffnungslosen Zustand, und eine ausufernde Bürokratie belastet Innovation und Unternehmertum. Allerdings hat sich die indische Wirtschaft in den letzten beiden Jahrzehnten grundlegend geändert und kann beachtliche Erfolge aufweisen: Das jährliche Wachstum des Bruttoinlandsprodukts liegt im Schnitt bei etwa acht Prozent. Wie die Abbildung zeigt, hat die globale Finanzkrise auch auf dem Subkontinent Spuren hinterlassen, allerdings war Indien davon weniger stark betroffen als die Industrieländer und viele seiner asiatischen Nachbarn, da die Konjunktur hauptsächlich von der Inlandsnachfrage angetrieben wird und die Exportabhängigkeit gering ist. Außerdem überstand das relativ abgeschottete, stark regulierte Bankensystem Indiens die Krise nahezu unbeschädigt. Nimmt man die **Kaufkraftparitäten** als Indikator, so ist Indien bereits die viertgrößte Volkswirtschaft weltweit. Die indischen Börsenkurse steigen in immer neue Höhen, die Kaufkraft weiter Teile der Bevölkerung nimmt zu. Und während ausländische Unternehmen vermehrt in Indien und seinen riesigen Markt investieren, übernehmen indische Investoren bereits Unternehmen im Ausland.

***M 1* Entwicklung des BIP in Indien 2001 – 2010**

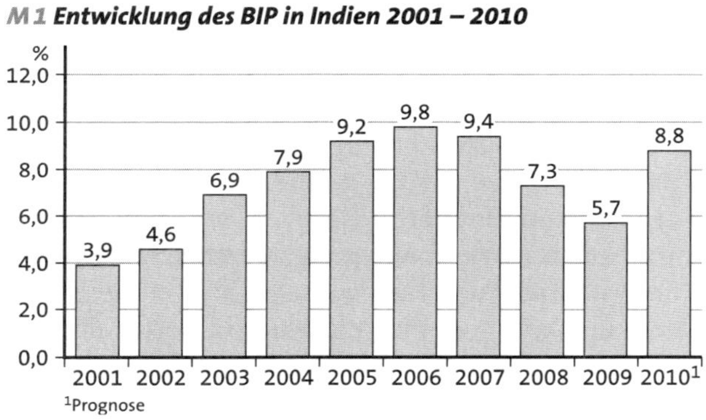

Nach https://www.gtai.de/ext/anlagen/MktAnlage_6012.pdf?show=true (Germany Trade & Invest)

Der Aufschwung der indischen Wirtschaft wird vom Technologiesektor getragen, der dem Westen hochwertige Arbeitsplätze streitig macht. Indien mausert sich zum „Büro der Welt“ und zu ihrem „verlängerten Labor“. Immer mehr Dienstleistungen werden nach Indien ausgelagert, so dass es bereits mit etwa 45 % Marktanteil den globalen Handel mit IT-Dienstleitungen (IT-Outsourcing = ITO) und IT-gestützten Geschäftsprozessen (Business Process Outsourcing = BPO) dominiert.

Indien scheint wirtschaftlich gesehen mit seinem großen Rivalen China gleichziehen zu wollen, auch wenn Indien dabei nach Expertenmeinungen noch um etwa zehn Jahre zurückliegt. Indien setzt dabei nicht auf das in Ost- und Südostasien übliche Entwicklungsmodell, das „Gänseflugmodell“, bei dem ein Land von einem höher entwickelten Staat geeignete arbeitsintensive Industrien übernimmt, die zunächst für den Inlandsmarkt produzieren und, wenn sie stark genug sind, für den Export. Dieses „flying geese pattern of development“ basiert auf staatlicher Lenkung, exportabhängigem Wachstum und – zumindest anfänglich – arbeitsintensiven Billigprodukten. Indien gründet seinen wirtschaftlichen Erfolg dagegen einerseits auf den riesigen Binnenmarkt, andererseits auf spezialisierte High-Tech-Dienstleistungen statt auf ungelernte Arbeit und arbeitsintensive Billigprodukte. Indien baut dabei trotz des noch immer großen öffentlichen Sektors auf privates Unternehmertum und nicht auf den Staat. Hilfe beim wirtschaftlichen Aufschwung bietet auch die Attraktivität Indiens bei den ausländischen Investoren. Diese schätzen Indiens liberale Demokratie, die trotz einiger innerer Spannungen auf lange Sicht ein stabileres und gesünderes Wirtschaftswachstum und eine gerechtere Verteilung verspricht als etwa die kommunistische Volksrepublik China. Hinzu kommt, dass Englisch aufgrund der kolonialen Vergangenheit des Subkontinents weit verbreitet ist.

Probleme und Herausforderungen

Trotz allen Fortschritts hat Indien jedoch noch viele Probleme und Herausforderungen zu lösen, von denen die meisten in irgendeiner Form mit dem Hauptproblem Indiens, dem ungebremsten Bevölkerungswachstum verknüpft sind: Armut, Hunger, zu viele Pestizide und Überdüngung in der Landwirtschaft, fehlende Lehrer und Schulen, Kinderarbeit, Mangel an Arbeitsplätzen und ein hoher Anteil der Beschäftigten im informellen Sektor – dies sind nur einige der Probleme, mit denen sich Indien als Folge der Überbevölkerung auseinandersetzen muss. Hinzu kommen Smog und Luftverschmutzung durch eine ständig steigende Zahl an Pkws – vor allem die Großstädte ersticken im Verkehr – oder veraltete Kraftwerke.

Die indische Bevölkerung wächst im Jahr um 1,5 %. Im Vergleich zu anderen Staaten wie dem Niger (3,5 %), der Demokratischen Republik Kongo (2,9 %), Angola (2,5 %), Saudi-Arabien (2,6 %) oder dem Nachbarstaat Pakistan (2,3 %) erscheint das jährliche Bevölkerungswachstum fast harmlos.

Betrachtet man allerdings die absoluten Zahlen und nicht die relativen, so sieht die Situation ganz anders aus: Ein Wachstum von 1,5 % pro Jahr ergibt einen Zuwachs von fast 18 Millionen Indern (Daten: DSW Datenreport 2010; Stand Mitte 2010), also etwas mehr als Deutschlands bevölkerungsreichstes Bundesland Nordrhein-Westfalen Einwohner hat. In keinem anderen Land der Welt nimmt die Bevölkerungszahl so stark zu wie in Indien. Ein wesentlicher Grund dafür liegt in dem Umstand, dass es weder allgemeine Kranken- und Pflegeversicherungen gibt noch eine Altersversorgung für jeden. Somit bleiben Kinder die einzige Versicherung, und je mehr Kinder man hat, desto besser ist man im Alter oder bei Krankheit versorgt. Zudem schlug die indische Regierung keinen rigiden Kurs in Sachen Fruchtbarkeitseindämmung ein, wie der Nachbar China mit der staatlich verordneten Ein-Kind-Familie. Die **Gesamtfruchtbarkeitsrate** liegt bei 2,6. Indien will das Bevölkerungswachstum nicht mehr durch Zwang verhindern. Staatliche Eingriffe in die Familienplanung sind in Misskredit geraten, als in den 1970er-Jahren Massensterilisierungen angeordnet wurden. Stattdessen setzt die Zentralregierung auf Überzeugungsarbeit. Damit kann Indien die gravierenden Nebenwirkungen der chinesischen Familienpolitik vermeiden. Allerdings stellt sich die Frage, wovon und womit der Staat die Inder überzeugen will: Für kleinere Familien zu werben bringt so lange nichts, wie es für den Einzelnen triftige Gründe gibt, mehr Kinder zu bekommen, da sie die einzige Altersvorsorge darstellen. So gibt es zur Großfamilie wenig Alternativen.

Staatliche Eingriffe wären in Indien aber wünschenswert um zu verhindern, dass Mädchen („missing girls of India") und junge Frauen („Dowry-System") ermordet werden. Mädchen werden oft nach der Geburt getötet, weil sie für ihre Familie teuer sind, da für sie bei der Hochzeit eine Mitgift (dowry) bezahlt und eine meist sehr kostspielige Hochzeitsfeier ausgerichtet werden muss. Nicht selten kommen Frauen nach ihrer Heirat und der bezahlten Mitgift ums Leben und „ermöglichen" es somit ihrem Ehemann, eine weitere Mitgift zu erhalten. Zwar lassen sich solche Morde nicht immer leicht nachweisen. Die Statistiken zum Geschlechterverhältnis sprechen aber eine eindeutige Sprache.

Was Bevölkerungswachstum und Bevölkerungsstrukturen angeht, gibt es in Indien mit seinen vielen Ethnien und den vielen verschiedenen Religionen große **regionale Disparitäten**. So ist die Fruchtbarkeitsrate im Süden des Landes schon seit Jahren deutlich rückläufig und in verschiedenen Bundesstaaten wie Kerala oder Tamil Nadu sogar unter das Niveau von durchschnittlich zwei Kindern pro Frau gefallen. Im Norden Indiens dagegen, z. B. im Bundesstaat Bihar, bringt eine Frau im Lauf ihres Lebens auch heute noch mehr als vier Kinder zur Welt. Ähnliche Strukturen gibt es auch im Bildungswesen bei der Analphabetenquote.

Das Bevölkerungswachstum wird in Verbindung mit der **Landflucht** vor allem in den Städten sichtbar: Mumbai, Indiens größte Stadt, hat sich innerhalb der letzten Jahrzehnte zu einer Megacity mit weit über 20 Millionen Menschen entwickelt (1950: 3,8 Millionen). Ähnlich sieht dies in den anderen Metropolen aus: Auch Kalkutta oder Delhi haben ihre Einwohnerzahlen im selben Zeitraum fast verdreifacht beziehungsweise sogar verzehnfacht. Diese Urbanisierung wird sich nach Ansicht von Wissenschaftlern in den nächsten Jahren noch weiter verstärken, mit allen dazugehörigen Problemen wie Elend, Verkehrsinfarkt, Umweltverschmutzung oder Krankheiten.

Die Lebensbedingungen in Mumbai können unterschiedlicher kaum sein. Die Mieten im Zentrum der Stadt zählen zu den höchsten der Welt, gleichzeitig lebt die Mehrheit der Einwohner der Region in einem der 1 200 Slums oder ist sogar völlig obdachlos. Dharavi mit offiziell 600 000 – wahrscheinlich aber über 1 Mio. – Bewohnern gilt als der größte Slum Asiens. Mumbai, die ‚heimliche Hauptstadt' Indiens ist nicht nur das wichtigste Finanz- und Dienstleistungszentrum, in dem 38 % des indischen BIPs und 96 % des indischen Börsenumsatzes erwirtschaftet werden, sondern auch ein Auffangbecken für täglich etwa 2000 Zuwanderer, die hier ihren Traum von Wohlstand und Glück verwirklichen wollen. Das erste Ziel dieser Neuankömmlinge sind meist nicht die Slums der Stadt. Sie landen auf der Straße, in irgendwelchen Pipeline-Rohren, die verlegt werden sollen, im Umkreis der Abfallhalden vor der Stadt, entlang der Böschungen der Eisenbahnlinien oder einfach auf den Gehsteigen. Die überall anzutreffende Armut kennt eine Vielzahl von Nuancen. Verglichen mit dem Leben von Tausenden von Familien, die nicht einmal ein Plastik- oder Kartondach über dem Kopf haben, bilden die Marginalsiedlungen als **„slums of hope"** ein geradezu durchorganisiertes, effektives Wirtschaftssystem. Die Menschen leiden dort keinen Mangel an Nahrung und sind mit Gütern wie Fernsehgeräten, zum Teil mit Kabelfernsehen, ja sogar mit Motorrädern und Autos versorgt. Die Lebensbedingungen in den Slums sind trotz der desolaten Wohnstruktur besser als auf den Dörfern. Was jedoch in der Regel nicht vorhanden ist, ist der Anschluss an die öffentliche Infrastruktur. Fließendes Wasser, saubere Badezimmer, funktionierende Toiletten fehlen meist sogar in den Wohnvierteln der Mittelschicht.

Ausblick in die Zukunft

Indien ist ein Land im Übergang und der Gegensätze, in dem die Wirtschaft stark wächst, wo aber ein Drittel der Bevölkerung von nur einem Dollar pro Tag leben muss. Es ist ein Land, in dem sich internationale Personalagenturen um den IT-Nachwuchs aus den Elite-Unis reißen, in dem aber die Analphabetenquote noch über 40 Prozent liegt, ein Land, das Pharmafirmen von Weltklasse hervorbringt, aber nur einem Bruchteil seiner Menschen ausreichende medizinische Versorgung ermöglicht. Diese Gegensätze müssen abgebaut werden. Das Heer der jungen, nachwachsenden Arbeitskräfte – jährlich muss Indien für sie mehr als 12 Millionen Arbeitsplätze schaffen – wandelt sich zunehmend von einer Belastung in einen Vorteil. Indiens Wachstum wird auch weiterhin auf einer steigenden heimischen Nachfrage beruhen. Das Zusammenspiel von Kapitalismus, Demokratie, günstiger Demografie und Globalisierung bietet Chancen und eine Dynamik, die wohl noch längere Zeit anhalten wird, und durch die Indien sich zu einer bedeutenden Weltmacht entwickeln wird.

1.5 Südostasien – Take Off eines Entwicklungsraumes

Deregulierung: Abbau staatlicher Aufgaben, Vorschriften und Einschränkungen in der Wirtschaft, z. B. durch Privatisierung öffentlicher Aufgaben (Verkehr, Gesundheitswesen) oder an den Kapitalmärkten und die damit einhergehende Öffnung dieser Märkte für internationale Investoren.

Exportorientierung: Ausrichtung der Wirtschaftspolitik eines Staates auf den Export. Ziel ist die Erschließung neuer Märkte im Ausland und die Schaffung von Arbeitsplätzen im Inland.

Freihandel: Leitbild in der Außenwirtschaftspolitik eines Landes, nach dem der grenzüberschreitende Handel mit Gütern, Dienstleistungen und Kapital nicht durch Zölle oder andere beschränkende Eingriffe behindert wird; Unternehmen und Regierungen stehen dabei in unmittelbarem Wettbewerb; Gegensatz Protektionismus.

Global City: Weltstadt mit besonders starker Integration in die Weltwirtschaft; Kriterien, die eine Global City kennzeichnen: hohe Einwohnerzahl, internationales Finanzzentrum, Standort von Hauptquartieren oder Regionalzentren multinationaler Unternehmen, Sitz großer Internationaler Institutionen, Knotenpunkt internationaler Transportnetze.

Globalisierung: Bezeichnung für die transnationale Vernetzung der Systeme, Gesellschaften und Märkte.

Global Player: Multinationale Unternehmen, die auf fast allen Märkten der Welt vertreten sind. Sie optimieren Zulieferung, Produktion und Absatz im globalen Maßstab.

Importsubstitution: Ersatz von Importen durch eigene Produktion. Durch den Aufbau von Fertigungs- und weiterverarbeitender Industrien sollen insbesondere Entwicklungsländer unabhängiger werden. Es entstehen Arbeitsplätze, die eigene Wirtschaft wird gestärkt und Devisen werden eingespart. Dagegen stehen häufig hohe Investitionskosten sowie ein nicht ausreichend aufnahmefähiger Binnenmarkt.

nachholende Entwicklung: Entwicklungsstrategie, die darauf abzielt, durch Industrialisierung und Modernisierung der Wirtschaft die Entwicklungsländer möglichst schnell an den Entwicklungsstand der Industrieländer heranzuführen. Für viele Staaten vor allem in SOA dient der Weg Japans als Vorbild.

Protektionismus: Staatliche Außenwirtschaftspolitik, die durch Schutzsysteme (Zölle, Devisenkontrollen und andere Handelshemmnisse) die heimische Wirtschaft vor ausländischer Konkurrenz schützen möchte.

Schlüsselindustrie: Für die wirtschaftliche Entwicklung einer Region bedeutsame Industrie. Dies kann der Fall sein, wenn sie wichtige Rohmaterialien für andere Industrien herstellt, von ihren Aufträgen viele Zulieferer leben oder sie zukunftsfähige Techniken entwickelt.

Schwellenland: Land, das in seiner Entwicklung vergleichsweise weit fortgeschritten ist, das z. B. beim BIP, bei der Alphabetisierung oder der Energie- und Gesundheitsversorgung größere Erfolge erzielt hat und sich damit an der Schwelle zur Gruppe der Industrieländer befindet.

Sonderwirtschaftszone: Gebiet innerhalb eines Staates, in dem ein besonderes Wirtschafts- und Steuerrecht gilt. Ziel der Einrichtung solcher Zonen ist die Steigerung von in- und ausländischen Investitionen.

Naturraum und Klima

Festland Südostasien und das malayische Archipel liegen auf der eurasischen Platte, unter diese schieben sich von Westen, Süden und Osten ozeanische Platten. Der „Ring of Fire“ ist weltweit die Zone mit den größten tektonischen Risiken (Vulkanausbrüche, Erdbeben, Tsunamis).

Klimatisch gehören große Teile SOA zu den immerfeuchten inneren Tropen. Hohe Niederschläge und Temperaturen ermöglichen eine üppige und artenreiche Vegetation. Die festländischen Teile werden vom wechselfeuchten Monsunklima geprägt, das die Anlage großräumiger Bewässerungssysteme notwendig macht.

Für die landwirtschaftliche Nutzung geeignet sind vor allem die vulkanischen Böden und die der Schwemmlandebenen, während die Lateritböden der immerfeuchten Tropen extrem nährstoffarm und daher für den Anbau wenig geeignet sind. z. B. Mekongdelta (vergleichbar mit Löss)

exogene & endogene Geofaktoren

Ethnische, religiöse und kulturelle Vielfalt

SOA ist keineswegs so einheitlich, wie es das Konzept der Kulturerdteile glauben machen möchte. Die Malayische Halbinsel und das Malayische Archipel lagen seit alters her an wichtigen Schifffahrtswegen, über die fremde Einflüsse in der Region Fuß fassen konnten.

Der Einfluss Indiens setzte um die Zeitenwende zunächst vor allem im westlichen Hinterindien und auf Sumatra und Java ein. Mit ihm wurden Hinduismus und Buddhismus zu Leitreligionen. Nur wenige Jahrhunderte später brachte der Einfluss Chinas im Osten der malayischen Halbinsel den Konfuzianismus und ebenfalls den Buddhismus mit. China versuchte, im Gegensatz zu Indien, immer die Oberherrschaft über die Region zu erlangen, die es über Jahrhunderte auch ausübte. Mit den Seefahrern von der arabischen Halbinsel setzte ab dem 7. Jahrhundert die islamische Überprägung weiter Teile SOA ein. Bei der Europäisierung ab dem 16. Jahrhundert standen wirtschaftliche Interessen im Vordergrund. Die in Europa sehr begehrten und in SOA angebauten Gewürze

Pfeffer, Zimt und Muskat weckten die Begehrlichkeiten. Die Kaufleute der niederländischen Ostindienkompanie gründeten Handelsniederlassungen, aus denen oft große Städte hervorgingen (z. B. Batavia, heute Jakarta).
Mit dem Ende des 18. Jahrhunderts erwachendem Interesse der europäischen Großmächte ihren Machtbereich auszudehnen, endete die Herrschaft der Kaufleute in SOA. England, Spanien, Portugal, Frankreich und die Niederlande machten die Region zum Kolonialgebiet. Nur Siam, das heutige Thailand blieb frei von kolonialer Besetzung. Die Kolonialzeit hat auch nach ihrem Ende bleibende Spuren hinterlassen:

– Die heutigen Staatsgebiete folgen im Wesentlichen den Grenzen der Kolonialgebiete. Sie sind nicht so willkürlich gezogen wie die in Afrika, entfalten aber immer wieder ein Konfliktpotenzial.
– Heute noch wirksame soziale Strukturen sind Ergebnis der Kolonialzeit. Dazu gehören die Hebung der sozialen Stellung der Frauen und die Entwicklung von Medizin und Hygiene.
– Die Grundlagen der staatlichen und zivilen Verfassung nach internationalen Normen, wie z. B. die Gleichheit vor dem Gesetz.

Entwicklungsländer, Schwellenländer, Industriestaaten
Bezüglich der wirtschaftlichen Entwicklung zeigen die Staaten in Südostasien kein einheitliches Gesicht. Während Laos noch sehr wenig entwickelt ist, ist Singapur ein hoch entwickeltes Land und Standort internationaler Finanz- und Dienstleistungsunternehmen.
Um die Entwicklung voranzutreiben, folgen die meisten Länder der Strategie der **nachholenden Entwicklung**. Als Vorbild dient der Entwicklungsweg, der Japan und die Kleinen Tiger zum Erfolg geführt hat, und stützt sich auf die Grundannahme, dass Staaten mit zunehmendem Fortschreiten der Industrialisierung, Produktionsstufen an weniger entwickelte Länder abgeben. Dieser Weg kann durch das Gänseflugmodell beschrieben werden.

Gänseflugmodell
Nach dem Gänseflugmodell beruht die wirtschaftliche Entwicklung eines Landes darauf, dass ein führendes Industrieland auslaufende Industrien und das entsprechende Know-how an Länder der nächsten Entwicklungsgeneration weitergibt, die sich in seinem Windschatten entwickeln. Das Modell erklärt, wie ein unterentwickeltes Land sich relativ schnell entwickeln kann. Das Land übernimmt geeignete arbeitsintensive Industrien aus weiterentwickelten Ländern. Die neuen Industrien produzieren zunächst für den Binnenmarkt, beginnen aber zu exportieren sobald sie stark genug sind. Dieser Prozess wird immer aufs Neue wiederholt und führt zu schneller nationaler wirtschaftlicher Entwicklung.
Die beteiligten Länder können in zwei Gruppen eingeteilt werden: „vorangehende Länder“ und „nachfolgende

M 1 Das Gänseflugmodell

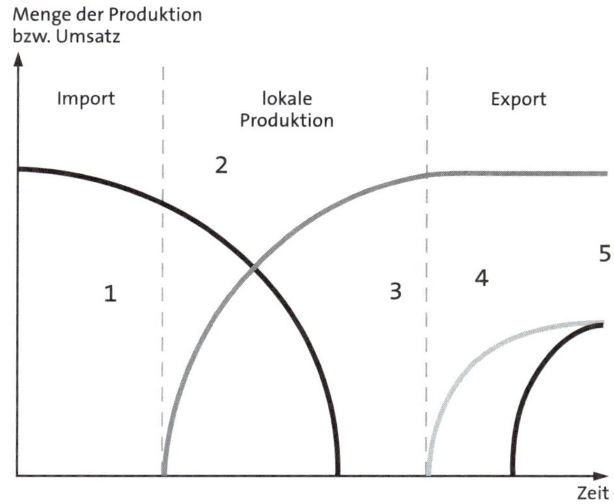

TERRA: Der asiatisch-pazifische Raum und Südostasien, Lehrerhandbuch. Klett: Stuttgart, Leipzig 2010, S. 135

Länder“. Länder, die sich schneller entwickeln als andere, werden als „aufsteigende Länder“ bezeichnet. Die Gruppierung der Länder kann man sich wie die Formation von Wildgänsen vorstellen, die in Keilformation fliegen, mit der stärksten an der Spitze, die zurückfällt, wenn sie ermüdet.

Malaysia – auf dem Weg nach oben
Die Entwicklungsziele Malaysias sind in der „Vision 2020“ festgeschrieben. Wirtschaftliche Produktion auf Weltniveau, materieller Wohlstand und moderne Lebensformen einer bildungsbeflissenen Gesellschaft sind Merkmale des Entwicklungsmodells, das dem Land 1991 von seinem Präsidenten verordnet worden ist. Grundlage des Entwicklungsweges ist das Konzept der „nachholenden Entwicklung“, das in der Nachahmung des Weges, der die vier „kleinen Tiger“ zum wirtschaftlichen Erfolg geführt hat, aus Malaysia ein Industrieland machen soll. Dieser Weg führte über folgende Stationen:

– Rohstofflieferant: Bis in die 1960er-Jahre zeigte die Wirtschaft Malaysias noch typisch kolonialzeitliche Strukturen. Das Land war Lieferant mineralischer (Zinn) und pflanzlicher (Kautschuk, Holz, Palmöl) Rohstoffe mit geringer inländischer Verarbeitungstiefe.
– Importsubstitution: Durch protektionistische Maßnahmen wie dem Verhängen von Einfuhrzöllen und der durch Subventionen gestützten Produktion ehemals importierter Konsumgüter im eigenen Land sollte die einheimische Industrie gefördert werden. Weil es wegen der geringen Bevölkerungszahl zu wenig Käufer gab, war der Erfolg gering.
– Exportorientierung: Man begann 1971 mit einer neuen Wirtschaftspolitik, deren Ziel es war, die einheimischen Malaien stärker am Wirtschaftsleben zu beteiligen. Es sollten Industriezweige gefördert werden, deren Produktion hauptsächlich auf den Export ausgerichtet

ist und für die der inländische Markt zu klein war. In diesem Rahmen wurde die Verarbeitungstiefe einheimischer Rohstoffe (Erdöl) erweitert. Das notwendige Know-how organisierte man oft über den Abschluss von Joint Ventures mit ausländischen Firmen. Die Ansiedlung arbeitsintensiver Produktionsbetriebe der Textil- und der Elektroindustrie sollte mittels ausländischer Direktinvestitionen beschleunigt werden. Die Ausweisung von **Freihandelszonen** und von Industrieparks schuf die nötigen Anreize.

– Schlüsselindustrien und Wissensorientierung: Mit dem Aufbau der Automobilindustrie als einer eigenen nationalen Schlüsselindustrie sollte der letzte Schritt hin zu einem entwickelten Industriestaat gegangen werden. Als einziges Schwellenland in SOA produziert Malaysia seit den 1980er-Jahren nationale Automarken mit einer starken Konzentration des Absatzes auf den Binnenmarkt. Hohe staatliche Fördermittel machen die einheimischen Autos gegenüber ausländischen Marken konkurrenzlos billig. Auf dem internationalen Markt bereitet der Absatz Schwierigkeiten. Diese Schwierigkeiten zeigen, dass Know-how nicht einfach durch planerische Maßnahmen aus dem Boden gestampft werden kann.

Seit der Jahrtausendwende sind die ehrgeizigen Entwicklungsziele vor allem auf die Förderung und Etablierung der Informationstechnik gerichtet. Zur Schaffung von Fühlungsvorteilen, der Vernetzung von Betrieben, Bildungsstätten und Fachkräften wurde der Multimedia Super Corridor ausgewiesen, der sich auf 50 km zwischen Kuala Lumpur und dem Flughafen erstreckt. Dessen Kernstück ist die städtische Neugründung Cyberjaya mit zwei auf IT spezialisierten Universitäten. Die Ansiedlung neuer Unternehmen gestaltet sich wegen des Drucks der wachsenden Konkurrenz aufstrebender Nachbarländer zunehmend schwieriger.

Der wirtschaftliche Aufschwung findet vor allem in den städtischen Zentren statt. Dies führt dazu, dass diese Magneten der Zuwanderung aus ländlichen Regionen werden, wodurch regionale Disparitäten größer werden. Eine Besonderheit des malayischen Entwicklungsweges zeigt sich in der Protektion der „Bumiputras", der Söhne der Erde, wie die islamischen Malayen genannt werden. Durch besondere Wirtschaftsmaßnahmen und Quotenregelungen sowie der Bevorzugung im Bildungswesen sollte der Anteil dieser Bevölkerungsgruppe an der Wirtschaft des Landes erhöht werden. Der Erfolg war gering, so dass dieser Weg inzwischen aufgegeben wurde.

Die Länder im Gänseflug

Alle fünf Stufen der wirtschaftlichen Entwicklung hat bislang nur Singapur durchschritten, während die anderen Länder noch auf unterschiedlichen Stufen verharren. Am wenigsten entwickelt ist Laos, das sich noch in der Phase der **Importsubstitution** befindet, während Kambodscha dabei ist, exportorientierte Industriezweige aufzubauen. Myanmar und Vietnam sind am Anfang der Phase mit der exportorientierten Produktion von immer anspruchsvolleren Erzeugnissen z. B. der Elektro- und Elektronikindustrie. Die Philippinen und Indonesien sind schon weiter fortgeschritten und Thailand steht am Übergang zur Phase der wissensorientierten Schlüsselindustrien, die Malaysia und Singapur bereits erreicht haben.

Die Rolle der Auslandschinesen

Zuwanderer aus China spielen für die wirtschaftliche Entwicklung in SOA eine wichtige Rolle. Der Anteil der Unternehmen, die im Besitz von Auslandschinesen sind, ist wesentlich höher als der Anteil der Unternehmen im Besitz von Einheimischen. Auch die Durchschnittseinkommen der Chinesen sind höher. Der wirtschaftliche Erfolg macht sie unbeliebt, immer wieder kommt es zu Übergriffen auf die Chinesen, die oft bis zur Vertreibung und zur Tötung führen. Trotz aller Missgunst sind die Chinesen mit ihrer perfekten weltweiten wirtschaftlichen Vernetzung der Garant für die Integration der Ökonomien in SOA in die Weltwirtschaft. Als Ursachen für den Erfolg der Auslandschinesen gelten neben konfuzianisch geprägtem Wirtschaftsgeist v. a. die Pflege informeller chinesischer Netzwerke, Eigenschaften wie Fleiß, Risikobereitschaft und Gewinnorientierung. Ein weiterer Grund ist sicher die bei Migranten generell besonders hohe Motivation und wirtschaftliche Dynamik.

Singapur – autoritäres Wirtschaftswunder

Seit seiner Unabhängigkeit im Jahre 1965 ist Singapur zu einem der führenden Wirtschaftszentren und Finanzplätzen der Welt aufgestiegen. Ausgangspunkt für die Unabhängigkeit des mehrheitlich von Chinesen bewohnten Singapurs waren Unruhen zwischen chinesischen und nicht-chinesischen Einwohnern Malaysias. Die Regierungspartei PAP orientierte sich an Japan und ahmte dessen Weg der wirtschaftlichen Entwicklung nach. Der Aufbau marktwirtschaftlich-kapitalistischer Strukturen hat absoluten Vorrang. Dies bedeutet auch, dass demokratische Rechte (Pressefreiheit, Versammlungsrecht) und Menschenrechte eingeschränkt werden.

Die Lage Singapurs an einer der wichtigsten Seestraßen der Welt war der entscheidende Standortvorteil. Hier entwickelte sich eine für den Welthandel überragende Warendrehscheibe. Auf dieser Grundlage wuchs der Stadtstaat zu einer **Global City**, einer Leitzentrale und einem Knotenpunkt im Netzwerk der **globalisierten Wirtschaft**. Dies zeigt sich im Vorhandensein von Entscheidungszentralen transnationaler Konzerne und höchstrangiger Finanzdienstleistungen sowie in der Funktion als Innovationszentrum und als globaler Handelsplatz. Dieser Spitzenstellung dient auch Singapurs Industrieansiedlungspolitik mit einem durch Hochtechnologie und hohe Wertschöpfung gekennzeichnetem Profil (Elektronik, Biotechnik).

1.6 Der asiatisch-pazifische Raum in einer globalisierten Welt

1.6.1 Kooperationen im asiatisch-pazifischen Raum

Standortfaktor: Vorteil(e) bei der Produktion von Gütern, den ein bestimmter Ort im Vergleich zu andern Orten bietet, z. B. Verkehrslage, Arbeitskräfteangebot, Nähe zu Kunden (Absatzmöglichkeiten), Steuervorteile u. a.

Wachstumsdreieck: Diese sollen in den ASEAN-Staaten die wirtschaftlichen Aktivitäten in grenznahen Regionen so bündeln, dass sich die wirtschaftlichen Potenziale und Kostenvorteile gegenseitig ergänzen.

Die wirtschaftliche Zusammenarbeit im asiatisch-pazifischen Raum bzw. in Südasien ist noch nicht so ausgeprägt wie in Europa (EU). Doch bilden sich auch in diesem Raum Strukturen regionaler Zusammenarbeit heraus.

APEC (Asia-Pacific Economic Cooperation): Die Vereinigung wurde 1989 von zwölf Anrainerstaaten des Pazifik gegründet und umfasst heute 21 Mitgliedsstaaten. Die APEC ist bis heute ein auf wirtschaftliche Ziele beschränkter Staatenbund und hat folgende Ziele:
1. Liberalisierung des Handels und grenzüberschreitende Investitionen;
2. Abbau von Handelshemmnissen;
3. technische Zusammenarbeit.

Die bis 2010 geplante völlige Liberalisierung des Handels wurde nicht erreicht. Etwa 40 % der Weltbevölkerung leben in den APEC-Staaten, in denen rund 55 % der Weltwirtschaftsleistung erbracht und 45 % des Welthandels abgewickelt werden. Allerdings ist bei diesen Zahlen zu berücksichtigen, dass darin z. B. so wirtschaftsstarke Staaten wie USA, Japan und China enthalten sind, aber auch sehr kleine wirtschaftsschwache Länder. Der Zeitpunkt, ab dem alle APEC-Staaten in einer der EU ähnlichen Gemeinschaft zusammenarbeiten, ist nicht absehbar, da die Länder doch sehr unterschiedliche Interessen verfolgen.

ASEAN (Association of Southeast Asian Nations): Zusammenschluss von 10 südostasiatischen Staaten, dessen Ziele auch politisch, nicht nur wirtschaftlich sind. 2007 wurde beschlossen, bis zum Jahr 2015 die ASEAN Community zu errichten, einen gemeinsamen Wirtschaftsraum nach dem Vorbild der Europäischen Union (EU). Ob dies gelingen wird, ist fraglich, da die ASEAN bzw. die Mitgliedsstaaten sehr heterogen aufgebaut sind. Darunter sind sehr reiche Staaten wie Singapur, aber auch sehr arme Länder wie z. B. Laos. Auch zwischen den verschiedenen Regierungsformen bestehen große Unterschiede. Es gibt Monarchien wie Thailand, Militärregime wie Myanmar und kommunistische Ein-Parteien-Diktaturen wie Vietnam. Ebenso besteht eine große kulturelle Vielfalt, die sich etwa in den unterschiedlichen Religionen manifestiert. Immerhin besteht seit 2010 ein Freihandelsabkommen mit China. Damit wurde ein Wirtschaftsblock mit 1,9 Milliarden Menschen geschaffen und einem internen Handelsvolumen von 470 Milliarden Dollar.

China und die ASEAN-Staaten sind in vielerlei Hinsicht komplementär. China verspricht sich einen besseren Zugang zu den Ressourcen der ASEAN-Staaten, diesen öffnet sich ein Markt von 1,3 Milliarden Menschen.

SAARC (Südasiatische Vereinigung für regionale Zusammenarbeit): Die Vereinigung, der die Staaten des indischen Subkontinents angehören, wurde 1985 gegründet und setzt den Schwerpunkt ihrer Politik auf Wirtschafts- und Handelsfragen. Ziel ist die Förderung des grenzüberschreitenden Handels durch Abbau von Zöllen, aber auch die technische Zusammenarbeit. Tatsächlich spielt der Handel innerhalb des Bündnisses nur eine geringe Rolle, was an den politischen Gegensätzen der Staaten untereinander liegt (z. B. Kaschmir-Konflikt zwischen Indien und Pakistan). 2007 hat man sich auf die Schaffung einer Freihandelszone bis zum Jahr 2016 geeinigt. Bis dahin sollen alle Zölle und andere Handelshemmnisse beseitigt sein.

Mekong River Commission: Die Kommission wurde 1995 von den Regierungen der Staaten Kambodscha, Vietnam, Thailand und Laos gegründet. Das Ziel ist die nachhaltige Entwicklung der Umwelt im Einzugsgebiet und im Delta des Flusses Mekong.
Ein Hauptproblem liegt in der Rivalität der wirtschaftlichen Nutzung des Mekong-Wassers einerseits und dem Schutz der Umwelt im Mekong-Bassin andererseits. Da China, das nicht Mitglied der Kommission ist, den Bau zahlreicher Wasserkraftwerke mit Stauseen plant, fürchten die Anrainerstaaten des unteren und mittleren Mekong, dass ihnen regelrecht das Wasser abgegraben wird.

SIJORI (SI = Singapur, JO = malayische Provinz Johor, RI = indonesische Provinz Riau): Das **Wachstumsdreieck** beruht auf ergänzenden komplementären **Standortfaktoren** benachbarter Wirtschaftsräume der Staaten Singapur, Malaysia und Indonesien an der Singapur-Straße. So weist Johor Flächenreserven und niedrige Löhne auf, Singapur u. a. eine gute Transportinfrastruktur, eine hohe Kapitalkraft und die Riau-Inseln können u. a. mit einem touristischen Potenzial aufwarten. Durch das Zusammenwirken treten Synergieeffekte auf, so dass das Endergebnis ein wachstumsstarker Wirtschaftsraum ist, der nicht an den jeweiligen Staatsgrenzen endet.

1.6.2 Vietnam – Tigerstaat der 3. Generation

Do Moi: Erneuerungspolitik bzw. Transformation mit vietnamesischer Prägung. Einführung einer Marktwirtschaft mit sozialistischer Orientierung.

Leuchtturmprojekt: so wird ein Vorhaben genannt, das neben dem eigentlichen Zweck auch eine Signalwirkung für Nachfolgeprojekte haben soll. Neben dem Erfolg ist daher auch ein großer Bekanntheitsgrad beabsichtigt. Regionalpolitisch gesehen, soll z. B. eine große Investition auch auf das Umland usw. ausstrahlen.

Vietnam ist fast so groß (ca. 331 000 km²) wie die Bundesrepublik Deutschland und hat etwas mehr Einwohner (ca. 86 Mio.) als Deutschland. Das Land war früher französische Kolonie und während des Zweiten Weltkriegs von Japan besetzt.

Entkolonialisierung

„Von größter, auch weltpolitischer Bedeutung war die Entkolonialisierung Vietnams, das die Franzosen 1945 wieder in Besitz nehmen wollten. In Nordvietnam wurde die national-kommunistische Vietminh zur dominanten Kraft des Unabhängigkeitskampfes. Nach verlustreichen Kämpfen musste sich Frankreich 1954 aus Vietnam zurückziehen. Mit Unterstützung Chinas etablierte sich das kommunistische Nordvietnam unter Führung Ho Chi Minhs; im S entstand – gestützt durch die USA – ein westlich orientiertes Südvietnam. Nach dem Genfer Friedensabkommen verlief die Grenze parallel zum 18. nördlichen Breitengrad; nach den vorgesehenen Wahlen sollte das Land wiedervereinigt werden. Südvietnam und die USA verhinderten diese Wahlen aus Furcht vor einer kommunistischen Machtübernahme auch im S. 1965 entschloss sich die US-Regierung zur Entsendung von Truppen zur Unterstützung des gefährdeten westlich orientierten Regimes. Militärische Verbände der Nationalen Front zur Befreiung Südvietnams (Akronym: Vietcong) sickerten zunehmend – unterstützt durch den N – u. a. über den auch durch Laos verlaufenden sog. Ho-Chi-Minh-Pfad in den S. Trotz eines starken militärischen Engagements der USA siegte der Vietcong. 1976 wurde der N und S als ‚Sozialistische Republik Vietnam' wiedervereint."

Karl Vorlaufer: Südostasien. Darmstadt: Wissenschaftliche Buchgesellschaft, 2009, S. 8 f

Entwicklungskonzepte

Als 1976 das Land unter der Führung des Nordens vereint wurde, bedeutete dies auch für den Süden die Übernahme des planwirtschaftlichen Systems und das Verschwinden der marktwirtschaftlichen Ordnung. Die Folge waren die Kollektivierung der Landwirtschaft und die Verstaatlichung von Unternehmen. Ein großer Teil der chinesisch-stämmigen Bevölkerung verließ das Land (sog. „Boatpeople"), was einen extremen wirtschaftlichen Aderlass bedeutete. In den 1980er-Jahren zählte das Land zu den ärmsten der Welt. Jedoch wurde ab 1986 ein Reformprozess eingeläutet, der mit dem in der VR China ansatzweise vergleichbar ist und auch erstaunliche Erfolge zeigt. Das „Rezept" zur Entwicklung des Landes war – wie in vielen anderen der sog. Tigerstaaten – die Einrichtung von Exportförderzonen. Diese abgeschlossenen Gebiete – den geöffneten Gebieten in der VR China vergleichbar – sind die kapitalistischen Experimentierfelder für eine auf den Export zielende Industrialisierung. Sie sind das räumliche Ziel der ausländischen Direktinvestitionen, insbesondere aus Taiwan und Hongkong.

Wirtschaftliche Reformmaßnahmen

1986 Beschluss zu **„Doi Moi"** (= Erneuerungspolitik)
1987 Gesetz zur Regelung der ADI
1991 Zulassung von Exportförderzonen
1995 Beitritt zur ASEAN
1998 Beitritt zur APEC
2001 Handelsabkommen mit den USA
2006 Beitritt zur WTO

Wirtschaftsstrukturen

Gemessen an der Beschäftigung ist Vietnam weiterhin ein Agrarland. Mehr als die Hälfte der Erwerbstätigen ist noch in der Landwirtschaft tätig, der Anteil dieses Wirtschaftssektors am BIP beträgt jedoch nur noch ein Fünftel. Die Industrie stellt zwar nur ca. 15 % der Beschäftigten, trägt jedoch mit ca. 40 % zum BIP bei. Der industrielle Sektor ist in den Bereichen Textilien, Schuhe, Stahl, Zement und Automobilmontage besonders ausgeprägt. Nach wie vor bilden die Staatsunternehmen die Substanz der Wirtschaft. Sie erbringen 40 % des industriellen Outputs und liefern 35 % der Exporte des Landes. Jedoch sind zwischenzeitlich rund die Hälfte aller staatseigenen Betriebe zumindest teilweise privatisiert. Staatsunternehmen zahlen immer noch die höchsten Löhne bei insgesamt jedoch sehr niedrigem Lohnniveau.

Extreme Exportabhängigkeit

Vietnam ist in hohem Maße exportabhängig. Die Ausfuhren machen etwa drei Viertel des BIP aus. Wichtigster Außenhandelspartner sind die USA, Deutschland ist Vietnams größter Handelspartner innerhalb der Europäischen Union. Deutschland versucht durch sog. **Leuchtturmprojekte** seine wirtschaftlichen Interessen geltend zu machen. So sollen etwa in Ho-Chi-Minh-Stadt eine U-Bahn und ein neuer Flughafen gebaut werden. Ingesamt haben sich die Exporte Vietnams zwischen 1990 und 2008 etwa verdreißigfacht, die Importe nur verdoppelt.

1.6.3 Reis – Grundnahrungsmittel für die Hälfte der Weltbevölkerung

Die Top 5 der Welt (in Mio. t ca.)

Bei Erzeugung 2008		Beim Export 2008	
China	193	Thailand	10
Indien	148	Vietnam	4
Indonesien	60	Pakistan	3
Bangladesch	47	Indien	2
Vietnam	39	USA	2

Food and Agriculture of the United Nations
http://faostat.fao.org/site567/DesktopDefault.aspx?PageID=567#ancor und
http://faostat.fao.org/site342/default.aspx

Reis ist ein mehrjähriges Rispengras, das aber in der kulturellen Nutzung einjährig gepflanzt wird. Reis stellt hohe Ansprüche an die Temperatur (25–30 Grad Celsius) und verlangt viel Wasser, entweder durch Niederschläge oder durch Bewässerung. Reis wird in zahlreichen Varietäten angebaut.

Reis ist für mehr als die Hälfte der Menschheit Grundnahrungsmittel Nummer eins. Nach Mais und Weizen ist Reis die wichtigste Getreideart. Reis wird fast durchweg für Ernährungszwecke verwendet. In den asiatischen Staaten liegt der Pro-Kopf-Verbrauch über 100 kg, teilweise sogar über 200 kg. Demgegenüber liegt der Verbrauch in Europa unter 10 kg pro Kopf. In den westlichen Industriestaaten steigt der Verbrauch wegen veränderter Ernährungsgewohnheiten an, in den asiatischen Staaten steigt mit höherem Einkommen der Verbrauch ebenfalls vorübergehend, nimmt dann aber ab, etwa zugunsten von Fleisch. Wegen des weltweiten Bevölkerungsanstiegs steigt der Anbau und Verbrauch von Reis an.

Anbauarten

a) Nass-, Wasser- oder Sumpfreis (Paddy): typisch für die Tiefländer, wo eine kontrollierte Überflutung stattfindet. Diese Anbauart weist 2–3 mal höhere Erträge als der Bergreis auf. → 2 Ernten, Schwemmland (z. B. Mekongdelta)

b) Berg- oder Trockenreis: dieser wird in höheren und trockeneren Standorten angebaut und ist eine Regenfeldbaukultur.

c) Tiefwasser-, Treib- oder Schwimmreis: er wird dort angebaut, wo starke Regenfälle oder Überflutungen auftreten, so dass die Pflanzen zeitweise völlig unter Wasser stehen. Diese Anbauart wird noch auf Borneo oder auch auf Sumatra gepflegt.

Strukturen des Weltmarkts und des Welthandels mit Reis

Reis wird zum allergrößten Teil dort wo er hergestellt wird, auch verbraucht. Nur ein relativ geringer Teil wird exportiert (vgl. oben). Etwa ein Drittel der Weltproduktion entfällt auf China, die oben genannten Top 5 bauen etwa drei Viertel des Reises an. Die führenden Erzeugerländer sind alle in Ost-, Süd- und Südostasien beheimatet. Aber auch der Verbrauch ist im asiatisch-pazifischen Raum und in Südasien konzentriert, wobei China und Indien allein ca. 50 % des Weltverbrauchs auf sich vereinen. Auch die führenden Exportländer sind – von den USA abgesehen – im südostasiatischen und südasiatischen Raum. Die wichtigsten Reisimporteure sind wiederum südostasiatische Staaten, aber auch afrikanische Staaten und der arabische Raum.

Bali – eine Reisbauernkultur

„Bali ist ein prägnantes Beispiel für die Verquickung des Reisanbaus mit der Kultur einer Gesellschaft .... Reis ist Grundnahrungsmittel und bestimmt im hohem Maße die soziale Organisation und Kultur der balinesischen Gesellschaft. Subaks, oft dorfübergreifende Bewässerungsgemeinschaften, sind eine wesentliche Komponente des sozialen Lebens; in den Mythen, der Religion und den täglichen religiösen Ritualen kommt Reis eine herausgehobene Bedeutung zu. Die Reisbaulandschaft ist von einem ausgedehnten hierarchisch strukturierten, am Bewässerungssystem ausgerichteten Wassertempelnetz überzogen, um die Wasser- sowie Reisgottheiten und -geister, wie insbesondere die Reisgöttin Dewi, zu beschwichtigen und um reiche Ernte zu sorgen. In jeder bewässerten Besitzparzelle des Reislandes befindet sich ein Opferschrein; die vom selben Abschnitt des Bewässerungskanals abhängigen Bauern einer Subak unterhalten einen Tempel; ebenso machen es die einzelnen Subaks, die in einem noch größeren Reisbaugebiet zusammenarbeiten; ... Außerhalb der Reisfelder werden täglich Opferschalen mit Reis zur Beschwichtigung der Geister an Tausenden von Stellen ausgelegt, die von Balinesen als gefährlich angesehen werden (etwa an Treppenstufen, Straßen-/Wegekreuzungen, Schluchten).“

Karl Vorlaufer, a. a. O., S. 137

Reisanbau und Klimawandel

Reisanbau wird als eine der Hauptursachen für die steigenden Emissionen von Methan angesehen. Durch die steigenden Anbauflächen fällt immer mehr Reisstroh an. Dieses wird nach der Ernte unter tropischen Temperaturen durch anaerobe Bakterien zu Methan zersetzt und so werden große Mengen des Sumpfgases in die Atmosphäre abgeben. Methan gilt als Treibhausgas, das zwar in der Atmosphäre in viel kleineren Mengen als Kohlendioxid vorkommt, jedoch wirkungsvoller als dieses ist. Es wird vermutet, dass durch die Emission von Methan die mittlere Temperatur der Troposphäre erhöht und so der globale Klimawandel beschleunigt wird. Durch Gewinnen von Energie bei einer Verbrennung des Reisstrohs könnte das Problem gemildert werden. Ansätze dafür existieren z. B. in Thailand.

1.6.4 „Ölkrise" – einmal anders

Tropischer Regenwald: Vegetationsform des immerfeuchten, heißen innertropischen Klimas beiderseits des Äquators, gekennzeichnet durch die artenreichste, üppigste Pflanzenwelt der Erde wegen der fehlenden Vegetationspause. Ein typisches Kennzeichen ist auch der Stockwerksbau.
Ferrasolboden: ist der typische Boden der immerfeuchten Tropen, also den Gebieten des tropischen Regenwaldes sowie z. T. in den sich daran anschließenden Feuchtsavannen. Die Hauptbestandteile sind neben Aluminium auch Eisenoxide. Deshalb die charakteristische rote oder gelbe Färbung.
Biodiversität: biologische Vielfalt bzw. Variabilität der Organismen.

Die Ölpalme – Lieferant von Palmöl und Palmkernöl
Die Ölpalme ist einer der wichtigsten Lieferanten von pflanzlichen Ölen, nämlich dem Palmöl und dem Palmkernöl. Das Palmöl wird aus dem Fruchtfleisch (88 %), das Palmkernöl (12 %) aus den Kernen der Ölfrüchte gewonnen. Beide Produkte werden in der Lebensmittelindustrie eingesetzt, etwa zur Herstellung von Fetten und Margarinen. Zunehmende Bedeutung gewinnt Palmöl als Ersatz für Dieselkraftstoff. Aufgrund der vielfältigen Verwendbarkeit des Palmöls steigt die Nachfrage und Produktion ständig an, weshalb gerade in den wichtigen Anbauländern Malaysia und Indonesien die Anbauflächen ständig erweitert wurden. Dies nicht zuletzt, weil die Ölpalme dank hoher Weltmarktpreise für Pflanzenöl, hoher Produktivität und vielseitiger Verwendbarkeit eine sehr profitable tropische Nutzpflanze ist.

Die Ölpalme – eine umweltfreundliche Nutzpflanze
Die Ölpalme gedeiht auch auf nährstoffarmen tropischen Böden (z. B. Ferrasolböden). Sie kann auch auf Sumpfböden, die sich nicht für den Reisanbau eignen, kultiviert werden. Das geschlossene Kronendach einer Pflanzung sorgt für Beschattung und verhindert die Austrocknung des Bodens. In neu angelegten Pflanzungen werden zwischen den Setzlingen Leguminosen als Bodendecker ausgesät und so die Bodenerosion vermindert und auch der Boden mit Stickstoff angereichert. Da die Produkte der Ölpalme biologisch abbaubar sind, gilt die Pflanze auf den ersten Blick als sehr umweltfreundlich.

Pro-Argumente der Produktion von Palmöl
- günstiger Preis,
- hohe Flächenproduktivität wegen effizienter Nutzung der Sonnenenerie,
- Schaffung von Millionen von Arbeitsplätzen wegen hoher Arbeitsintensität,
- hohes Potenzial für das Wirtschaftswachstum,
- ländlicher Raum in Entwicklungsländern wird gefördert,
- Armutsbekämpfung,
- steigende Exporterlöse für Herstellerländer,
- Lieferung von Grundstoffen für die Lebensmittel- und Kosmetikindustrie,
- Gewinnung von Biokraftstoffen bzw. Bioenergie.

Contra-Argumente der Produktion von Palmöl
- Zerstörung tropischer Regenwälder,
- Trockenlegung von Torfmoorwäldern, weshalb große Mengen von Kohlendioxid in die Atmosphäre entweichen,
- Verlust von Biodiversität wegen Monokulturen,
- Zerstörung des Lebensraums von Tieren,
- Verschmutzung von Gewässern durch die Abwässer der Palmölfabriken,
- Entstehung von Waldbränden durch Brandrodung bei der Erschließung der Plantagen und damit einhergehenden Rauchbelästigungen,
- Verdrängung ethnischer Minderheiten aus angestammten Siedlungsräumen,
- hohe Kapitalbindung, da erst drei Jahre nach der Pflanzung erste Erträge zu verzeichnen sind, so dass viele Kleinbauern sich das nicht leisten können,
- hoher Kapitalaufwand für den Bau von Palmölfabriken, den sich nur noch Großkonzerne leisten können,
- Abhängigkeit der Kleinbauern von den großen Plantagenbesitzern, wenn diese als Zulieferer fungieren,
- Errichtung eines dichten Wegenetzes im ehemals tropischen Regenwald für den Transport der Früchte, da diese innerhalb von drei Tagen nach der Ernte verarbeitet werden müssen.

Palmöl aus Indonesien und Malaysia dominiert den weltweiten Pflanzenölmarkt
Mit 42,9 % Anteil war Palmöl im Wirtschaftsjahr 2008/2009 am weltweiten Pflanzenölmarkt führend, vor Sojaöl mit 38,8 %. Die Produktion von Palmöl betrug etwa 43 Mio. Tonnen. Die größten Palmölproduzenten sind Indonesien mit knapp 20 Mio. Tonnen und Malaysia mit gut 17 Mio. Tonnen. Lange Zeit war Malaysia der wichtigste Produzent, wurde jedoch 2006 von Indonesien abgelöst. Palmöl ist aber weiterhin für Malaysia das wichtigste Agrarprodukt. Etwa 60 % der landwirtschaftlichen Nutzfläche werden von Ölpalmen eingenommen, die Hälfte aller Agrarbeschäftigten arbeitet in diesem Sektor. Fette und Öle machten 2009 6,4 % der Exporte aus und waren damit das wichtigste agrarische Exportgut. Das Palmölgeschäft in Indonesien wird von etwa zehn großen Gesellschaften beherrscht, jedoch häufig unter malayischer Beteiligung.

2 Überprüfen Sie Ihr Wissen

Testaufgaben zur Selbstkontrolle

Kapitel 1.1 Der asiatisch-pazifische Raum mit Südasien

1 *Stellen Sie differenzierende Aspekte des ost-, südost- und südasiatischen Raums dar.*

Kapitel 1.2 Japan am Scheideweg

1 *Beschreiben Sie die japanische Wirtschaftsentwicklung seit dem Zweiten Weltkrieg bis heute.*

2 *Erörtern Sie die Rolle der natürlichen Standortfaktoren für die japanische Wirtschaftsentwicklung.*

3 *Erklären Sie Grundlagen und Auswirkungen des japanischen Wertesystems.*

4 *Beurteilen Sie mögliche Auswirkungen des japanischen Wertewandels.*

5 *Vergleichen Sie die Industrienationen Japan und Deutschland hinsichtlich ihrer Probleme Überalterung, Abhängigkeit vom Weltmarkt, Disparitäten, Umwelt.*

Kapitel 1.3 Volksrepublik China – Weltmacht des 21. Jahrhunderts

1 *Trotz kontinentaler Ausmaße ist das naturräumliche Potenzial Chinas begrenzt. Begründen Sie dies.*

2 *Erläutern Sie die Bedeutung der Lössböden für China.*

3 *Erläutern Sie die wesentlichen Elemente des Verstädterungsprozesses in China.*

4 *Nennen Sie die Probleme, die China durch den Bevölkerungsanstieg seit Jahrzehnten zu bewältigen hat.*

5 *Fertigen Sie eine Tabelle an mit den Hauptagrarzonen und ihren jeweiligen Merkmalen.*

6 *Beschreiben Sie, wie sich Chinas Industriestruktur seit Beginn der Privatisierung gewandelt hat.*

7 *Erläutern Sie die Faktoren, die Chinas Aufstieg zum Exportweltmeister förderten.*

8 *Begründen Sie Bedeutung ausländischer Direktinvestitionen für die Entwicklung der Industrie Chinas.*

9 *Der Aufstieg Chinas zu einer der wichtigsten Wirtschaftsnationen hat im Land auch nachteilige Folgen. Stellen Sie drei unterschiedliche Aspekte dar.*

Kapitel 1.4 Indien – größte Demokratie der Welt zwischen High-Tech und Armut

1 *Erläutern Sie Entstehung und Eigenschaften des Winter- und Sommermonsuns in Indien.*

2 *Werten Sie die Bevölkerungspyramide Indiens aus.*

M 1 ***Bevölkerungspyramide von Indien (Stand 2007)***

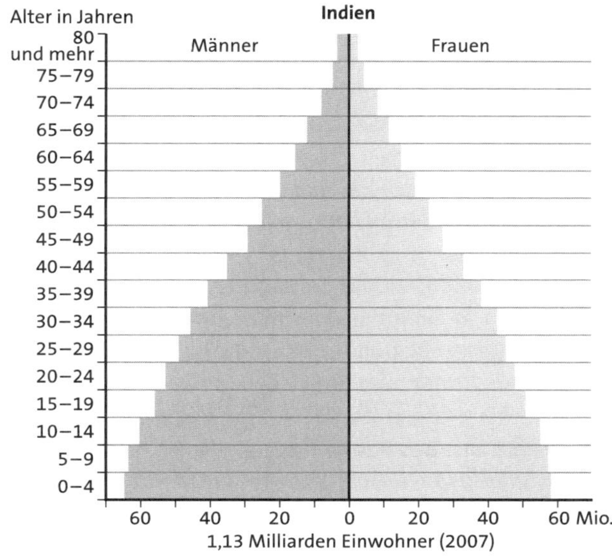

Nach: TERRA Der asiatisch-pazifische Raum und Südostasien. Klett: Stuttgart, Leipzig 2010, S. 101

3 *Vergleichen Sie die beiden Szenarien der Bevölkerungsentwicklung für Indien bis 2101.*

M 2 ***Szenarien der Bevölkerungsentwicklung für Indien 2001 bis 2101***

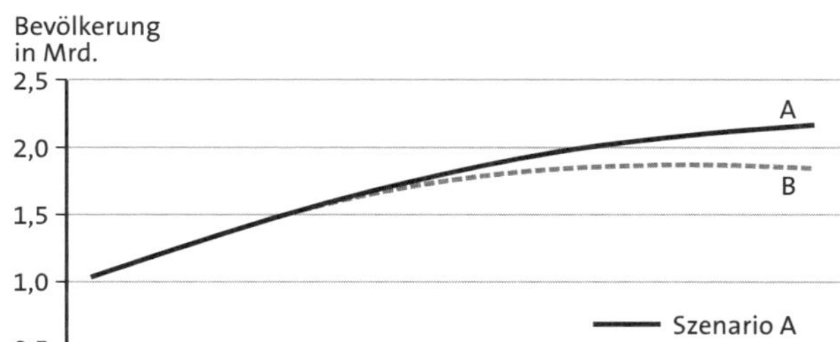

Nach: http://www. prb.org/pdf07/futurepopulationofindia.pdf (Population Reference Bureau)

Szenario A: *End-Gesamtfruchtbarkeitsrate von 2,1 für Bundesstaaten mit höheren Fruchtbarkeitsraten.*
Szenario B: *End-Gesamtfruchtbarkeitsrate von 1,85 für Bundesstaaten mit höheren Fruchtbarkeitsraten.*

4 *„Das dramatische Wachstum der indischen Städte geht vor allem auf die Landflucht zurück." Stellen Sie die Push- und Pull-Faktoren dar, die zu dieser Verstädterung Indiens beitragen.*

Kapitel 1.5 Südostasien – Take Off eines Entwicklungsraumes

1 *Erklären Sie den Einfluss von Boden und Klima auf die landwirtschaftliche Nutzung in SOA.*

2 *Beschreiben Sie den Unterschied zwischen dem Nährstoffkreislauf in tropischen Wäldern und in Wäldern der gemäßigten Breiten.*

3 *Erläutern Sie die Gemeinsamkeiten und die Unterschiede im Gang der Kolonialisierung und Entkolonialisierung zwischen Afrika und Südostasien.*

4 *Erläutern Sie die Entwicklungstheorie der nachholenden Entwicklung am Beispiel Malaysias.*

5 *Während das Entwicklungskonzept der nachholenden Entwicklung in Singapur oder Malaysia erfolgreich war, ist es in anderen Regionen z. B. in Afrika weitgehend gescheitert. Begründen Sie diesen Unterschied.*

6 *Überprüfen Sie, ob Kuala Lumpur 2020 dem Planungsziel der nachhaltigen Stadtentwicklung entspricht.*

7 *Stellen Sie die gesellschaftliche und wirtschaftliche Problematik dar, die mit der ethnischen Gruppe der Chinesen in SOA verbunden ist.*

8 *Leiten Sie aus der Lage des Hafens Singapur dessen globale Bedeutung und dessen Funktion im asiatisch-pazifischen Raum ab.*

9 *Erklären Sie mithilfe der Abb., S. 15 die Grundzüge des Gänseflugmodells.*

10 *Diskutieren Sie Chancen und Risiken, die sich aus der Nachahmung des japanischen Entwicklungsweges ergeben.*

Kapitel 1.6.1 – 1.6.4 Der asiatisch-pazifische Raum in einer globalisierten Welt

1 *Begründen Sie, warum die wirtschaftliche Zusammenarbeit im asiatisch-pazifischen Raum bzw. in Südasien noch nicht so ausgeprägt ist wie z. B. in Europa (EU).*

2 *Stellen Sie anhand der bisherigen Entwicklung fest, ob Vietnam die Chance hat, zu einer erfolgreichen Exportnation aufzusteigen.*

3 *Kennzeichnen Sie die Bedeutung des Reises für die Menschheit.*

4 *Erläutern Sie den landschaftsprägenden Charakter des Reisanbaus in vielen ost- und südostasiatischen Ländern.*

Lösungshinweise

Kapitel 1.1

1 *Differenzierende Aspekte des Raums*
– ökonomische Disparitäten zeigen sich beim BIP, altertümlichen oder modernen Produktionsverfahren;
– Differenziertheit bei Sprachen und Religionen;
– fast alle naturräumlichen Facetten vorhanden (hohe Gebirge, flache Beckenlandschaften, tropischer Regenwald bis borealer Nadelwald);
– weites Spektrum von Regierungsformen (Demokratien bis zu Diktaturen);
– Bevölkerung sehr ungleich verteilt (Megacitys und menschenleere Wüsten).

Kapitel 1.2

1 *Die Ausgangsposition war schlecht, dennoch kam es zu einem immensen Wachstum, weil die Bevölkerung sehr engagiert war und die Politik durch verschiedene Maßnahmen, u. a. Schutzzölle, den Aufstieg forcierte.*

2 *Die natürlichen Standortvoraussetzungen sind für eine Wirtschaftsentwicklung eher negativ. Die Humanfaktoren scheinen jedoch stärker zu wiegen, sonst hätte Japan kaum einen solchen wirtschaftlichen Aufstieg geschafft.*

3 *Grundlagen sind der Shintoismus, der Konfuzianismus und der Buddhismus. All diese Religionen/Morallehren fordern Harmonie, Unterordnung vor Autorität, Fleiß und Lerneifer, Eigenschaften, die im Wirtschaftsleben förderlich sind.*

4 *Frauen werden vermehrt auf den Arbeitsmarkt drängen, weniger als billige Arbeitskräfte, sondern als qualifizierte Arbeitskräfte, die helfen, den Fachkräftemangel einzudämmen. Die jüngeren Arbeitnehmer sind nicht mehr bereit, ihre gesamte Freizeit der Firma zu opfern. Dadurch werden evtl. stressbedingte Krankheiten zurückgehen und die Innovationsfreude größer. Es werden jedoch dadurch mehr Arbeitskräfte benötigt, möglicherweise auch Ausländer. Insgesamt wird die Gesellschaft heterogener.*

5 *Die Probleme der Überalterung und der Abhängigkeit vom Weltmarkt sind in Deutschland und Japan ähnlich. Deutschland scheint die Wirtschaftskrise besser zu bewältigen. Da die Staatsverschuldung geringer ist als in Japan, sind die Probleme durch Sozialausgaben für die überalterte Gesellschaft nicht ganz so gravierend wie in Japan. Dennoch werden dadurch die nachfolgenden Generationen belastet. Die Umweltprobleme wurden in Deutschland eher erkannt und waren dadurch nicht ganz so schwer. In Deutschland hat sich in Bezug auf die Umwelt auch die Lebenseinstellung der Bevölkerung geändert, nicht nur die Politik. Disparitäten gibt es in Deutschland auch, ebenso wie in Japan. In Deutschland sind es allerdings mehr soziale als regionale Disparitäten (die Einkommensverteilung ist wesentlich weiter gestreut), in*

Japan überwiegen regionale Disparitäten (Unterschiede zwischen den einzelnen Landesteilen), weil die Raumausstattung extrem unterschiedlich ist.

Kapitel 1.3

1 *Begrenzung des naturräumlichen Potenzials durch*
– Höhenlage (Hochgebirge, hochgelegene Beckenlandlandschaften mit niedrigen Temperaturen bzw. Abtragungsschutt),
– Relief (Steilheit des Geländes in Gebirgen),
– klimatische Gegebenheiten (trockener Westen, zunehmende Kontinentalität im Landesinnern, Wüsten),
– unfruchtbare Wüstenböden bzw. stark erodierte Böden,
– zunehmende Desertifikation im Westen Chinas.

2 *Gebiete mit Lössböden sind die ertragreichsten Gebiete Chinas. Dies gilt weniger für das Lössbergland selbst, da dort steile Hänge und tiefe Erosionsrinnen die Landwirtschaft behindern, als vielmehr die Schwemmlandebenen, wo er von großen Flüssen abgelagert wird.*

3 *Der Verstädterungsprozess zeigt sich*
– in der Land-Stadt-Wanderung, insbesondere seit Öffnung der Küstenstädte um 1980,
– der ständigen Zunahme der städtischen Bevölkerung und des Größenwachstums der Städte,
– der Überformung der Städte im westlichen Stil,
– dem Umbau zur autogerechten Stadt,
– in der sozialen Segregation der Bevölkerung in unterschiedlichen Stadtvierteln,
– dem Bau von Satellitenstädten zur Entlastung der Kernstädte.

4 *Probleme durch den Bevölkerungsanstieg:*
– hohe Investitionen ins Bildungswesen erforderlich (Schulen, Universitäten);
– jedes Jahr müssen Millionen zusätzlicher Arbeitsplätze geschaffen werden, um eine steigende Arbeitslosigkeit zu vermeiden;
– die Versorgung der wachsenden Bevölkerung ist schwierig, möglicherweise ist die Grenze der Tragfähigkeit bereits erreicht;
– der Bevölkerungsanstieg führt zu verstärkten Wanderungsprozessen, die mit negativen Begleiterscheinungen verbunden sind (arme Wanderarbeiter, Marginalsiedlungen in den Städten).

5 *Tabelle der Hauptagrarzonen*

Braunes China Trockenräume, stark arid, extensive Weidewirtschaft, Oasen	**Gelbes China** Intensive Ackerbaugebiete, insbesondere Weizenanbau auf den Schwemmlandebenen
Weißes China Hochlandebenen mit niedrigen Temperaturen, extensive Weidewirtschaft	**Grünes China** Insbesondere Reisanbau, feucht warmes Klima erlaubt mehrere Ernten

6 *Wandel der Industriestruktur*
– Bedeutungsverlust der Schwerindustrie wie Stahlerzeugung usw., Bedeutungsgewinn der Leichtindustrie wie Herstellung von Kleidung, neuerdings auch der IT-Industrie,
– Umwertung der Industriestandorte durch Abkehr vom Binnenraum und Aufwertung der Küstenstandorte durch staatliche Förderung. Bedeutungsverlust des Nordostens, der zum Rostgürtel wurde.

7 *Faktoren für den Aufstieg zum Exportweltmeister:*
– stufenweise Liberalisierung des Außenhandels,
– exportorientierte Entwicklungsstrategie,
– hoher Zufluss ausländischer Direktinvestitionen,
– staatliche Förderung des Exports,
– konkurrenzlos niedrige Arbeitslöhne,
– unfaire Handelspraktiken,
– unbewertete Währung (Yuan).

8 *Bedeutung der ADI*
Die ADI sind bei einem gleichzeitigen Technologietransfer ein entscheidender Faktor für Chinas wirtschaftlichen Aufstieg. Kaum ein Land hat in den letzten Jahren einen stärkeren Kapitalzufluss erlebt. Damit fließt Geld in den Aufbau einer differenzierten Industriestruktur, die Arbeitsplätze schafft und große Exporterfolge ermöglicht. Gleichzeitig bewirken sie eine ständige Modernisierung der Produktionsstruktur. Durch ausländische Eigentümer werden auch Innovationen im Land in Gang gesetzt.

9 *Nachteilige Folgen des wirtschaftlichen Aufstiegs*
a) räumlich: Zunahme regionaler Disparitäten, besonders zwischen dem rückständigen Binnenraum und den boomenden Küstenregionen.
b) sozial: Zunehmendes soziales Gefälle in den Städten (Segregation und Marginalisierung in Gated Communities bzw. Hüttensiedlungen für Wanderarbeiter) und zwischen der einkommensstärkeren Stadtbevölkerung im Osten des Landes und armen Landbevölkerung im Binnenraum.
c) ökologisch: hohe Schadstoffemissionen, Wasserverschmutzung, Ressourcenverbrauch, Übernutzung der Böden sind an der Tagesordnung.

Kapitel 1.4

1 *Der Wintermonsun entsteht nach der Verlagerung der innertropischen Konvergenzzone (ITC) auf die Südhalbkugel. Über den kalten Landmassen Asiens entsteht ein Kältehoch, aus dem Luftmassen gegen Südwesten strömen. Da der NO-Monsun über Land weht, ist er trocken. Der Sommermonsun dagegen kommt aus SW. Er entsteht aus dem Südost-Passat, der beim Überqueren des Äquators nach Osten abgelenkt wurde. Er weht über den Indischen Ozean und kann dort sehr viel Feuchtigkeit aufnehmen. Er regnet sich besonders intensiv vor Gebirgsmassiven (Steigungsregen) ab.*

2 Die Bevölkerungspyramide Indiens 2007 zeigt eine noch intakte Pyramidenform, wenngleich sich langsam der Übergang zur Bienenkorbform abzeichnet. Rund 2/3 der Bevölkerung sind im erwerbsfähigen Alter, nur 5 % sind nicht mehr erwerbstätig, fast ein Drittel sind Kinder. Insgesamt zeigt sich bis in die hohen Altersstufen ein Männerüberschuss, bei den jüngeren Jahrgangsstufen ein deutlicher Jungenüberschuss. Die hohe Geburtenrate und der hohe Anteil der Kinder lassen auf ein weiteres Wachstum der ohnehin hohen Gesamtbevölkerung schließen. Dafür spricht auch der geringe Anteil älterer Menschen, die Lebenserwartung ist bislang nicht sehr hoch. Der Anteil der Jungengeburten liegt deutlich über 50 %. Das hat vor allem gesellschaftliche Ursachen (Bevorzugung von Söhnen aus religiösen und materiellen Gründen, Dowry-System). Ein so starkes Wachstum der Bevölkerung in Indien könnte zu sozialen Problemen wie mangelnder Ernährung, Wohnungsnot und unzureichender medizinischer Betreuung führen. Es bedeutet auch erhöhte Aufwendungen für Bildung und einen hohen Anteil junger Menschen auf dem Arbeitsmarkt. Es sind Maßnahmen zur Eindämmung der hohen Geburtenrate notwendig.

3 Bei Szenario A mit einer End-Gesamtfruchtbarkeitsrate von 2,1 für Bundesstaaten mit höheren Fruchtbarkeitsraten wird Indien zwischen 2066 und 2071 die Zwei-Milliarden-Grenze durchstoßen. Der Bevölkerungsanstieg wird weitergehen, die Kurve flacht aber ab.
Bei Szenario B mit einer End-Gesamtfruchtbarkeitsrate von 1,85 für Staaten mit höheren Fruchtbarkeitsraten werden die zwei Milliarden nicht erreicht. Der Bevölkerungshöchststand wird zwischen 2081 und 2086 erreicht, danach geht die Bevölkerungszahl langsam zurück.

Kapitel 1.5

1 Tektonik: hohe Bodenfruchtbarkeit auf jungen, mineralienreichen vulkanischen Böden,
Klima: Temperaturen ermöglichen ganzjährigen Anbau,
Böden: – Vorherrschen nährstoffarmer, stark verwitterter tropischer Böden, die z. B. durch Baumkulturen genutzt werden können,
– junge Böden in Schwemmlandebenen, vulkanische Böden und wegen der niedrigeren Temperaturen weniger verwitterte Böden in Höhenlagen erlauben intensiveren Anbau.

2 Im tropischen Regenwald befindet sich der bei Weitem größte Anteil der Nährstoffe in der Phytomasse. Der Nährstoffkreislauf ist geschlossen: Wurzelpilzgeflecht und „Pilzgärten" auch an der Oberfläche dienen als Nährstofffallen und -pumpen; auf diese Weise kann der Nachteil der geringen Speicherkapazität infolge der überwiegenden Zweischichttonminerale (Kaolinit) und des geringen Humusgehaltes umgangen werden. Die Wurzeln der Pflanzen erreichen aufgrund der hohen Verwitterungstiefe nicht den Neubildungsbereich der Tonminerale (primäre Silikate aus dem anstehenden Gestein).
Im Laubwald der gemäßigten Breiten können die Nährstoffe „zwischengelagert" und bei Bedarf an die Pflanzen weitergegeben werden, da Tonminerale mit hoher Speicherkapazität vorherrschen und der Humusgehalt höher ist. Die Wurzeln erreichen den Neubildungsbereich der Tonminerale.

3 Geschichte: Die Handelskompanien waren bereits seit dem 17. Jahrhundert in SOA aktiv und wirtschaftlich tätig. Dazu arbeiteten sie eng mit lokalen Herrschaftseliten zusammen. In Afrika gab es zwar lokal begrenzte europä-

4 Push- und Pull-Modell zur Land-Stadt-Wanderung

Nachteilige Strukturmerkmale des ländlichen Raums (Push-Faktoren)	Persönliche Motive und Kommunikationsmedien	Attraktive Strukturmerkmale des städtischen Raums (Pull-Faktoren)
– niedriger Lebensstandard – unzureichende Ernährungslage infolge Landknappheit – Arbeitslosigkeit – Unterdrückung durch Grundbesitzer – Ausbeutung durch Zwischenhändler – mangelnde Versorgung mit öffentlichen Dienstleistungen (Schule, Krankenhaus etc.) – geringe Teilnahmemöglichkeit an Gütern und Dienstleistungen des Staates – erstarrte Sozialstrukturen – mangelnde Innovationsbereitschaft – Ernterisiko durch Witterungseinflüsse/ Bodenzerstörung	– Glaube an eine Verbesserung der Situation („schlechter kann es nicht werden") – außengeleitetes Verhalten/Mode („wie der Freund/Bruder") – Radio/Fernsehen/Presse – Berichte von Besuchern aus der Stadt – Saisonarbeit in der Stadt, z. B. auf Baustellen	– Arbeitsmöglichkeiten – höherer Verdienst – Aufstiegschancen – größere persönliche Freiheit – größere Auswahl an öffentlichen Infrastruktureinrichtungen (Schule, Krankenhaus etc.) – größere Teilnahmemöglichkeit an Gütern und Dienstleistungen des Staates – abwechslungsreicherer Lebensalltag

TERRA: Entwicklungsländer im Wandel. Leben in der einen Welt, Lehrerhandbuch. Klett: Stuttgart, Leipzig, 2007, S. 34

ische Einflussgebiete, zu einer flächendeckenden Kolonialisierung kam es erst im 19. Jahrhundert.
Territorialbildung: In SOA erfolgte die Bildung der Kolonialstaaten in enger Anlehnung an traditionelle Herrschaftsbereiche. Diese waren zumindest Kernbereiche der Kolonialstaaten. In Afrika war die Grenzziehung mehr oder weniger willkürlich.
Wirtschaft: Zum Ende der Kolonialzeit gab es in SOA ein stärker ausgeprägtes vertikal ausgebildetes Produktionsgefüge.

4 *Die Entwicklungspolitik Malaysias orientierte sich klar am Entwicklungsweg, der Japan zum Erfolg geführt hat. Dieses Konzept der „nachholenden Entwicklung" wurde in folgenden Phasen umgesetzt:*
– Verlängerung der Wertschöpfungsketten für einheimische Rohstoffe (Petronas). Durch die Verlängerung der Wertschöpfungskette erfolgen immer mehr Produktionsschritte vom Rohstoff bis zum Fertigprodukt im Land. Dadurch bleibt der durch jeden Produktionsschritt erzeugte Mehrwert erhalten und stützt die Entwicklung der nationalen Wirtschaft.
– exportintensive Montageindustrien: Ausgehend von einem, vor allem durch ausländische Direktinvestitionen, Aufbau einer arbeitsintensiven Produktion im Textil- und Elektrobereich sollten nach und nach die Schritte zu einer entwickelten Nationalökonomie gegangen werden. Zur Verwirklichung der ehrgeizigen Entwicklungsziele brauchte es anfangs ausländisches Kapital für Investitionen. Hierbei kam der Ausweisung von Freihandelszonen und Industrieparks eine wichtige Aufgabe zu.
– Aufbau einer nationalen Kfz-Industrie. Aus Prestigegründen wollte Malaysia als erstes Land in SOA eine nationale Kfz-Marke produzieren. Für die Existenz einer eigenständigen Kfz-Industrie braucht es allerdings neben dem nationalen Markt auch einen internationalen Markt. Um auf diesem erfolgreich in den Wettbewerb treten zu können, sind moderne Modelle gefragt. Dazu braucht es ausgereifte Fertigungsanlagen und vor allem ein gutes Netzwerk leistungsfähiger Zulieferer. Dies sind Voraussetzungen, die in Malaysia als Einsteiger in die Kfz-Produktion, noch nicht gegeben sind.
– Förderung der IT-Branche: Um mit den modernsten technologischen Entwicklungen mithalten und dem Vorbild Japan auf Augenhöhe begegnen zu können, wird die IT-Branche besonders gefördert. Mit dem Multi-Media Super Corridor wurde ein Industriepark eigens für diesen Wirtschaftszweig ausgewiesen. Schneller Wissenstransfer und Anbindung an Forschungseinrichtungen sollen die Qualität dieser Standorte auszeichnen.

5 *Für ausländische Investoren bieten autoritär geführte Staaten oft eine vermeintlich größere Sicherheit für ihr investiertes Kapital. In der Regel garantieren sie eine länger währende Rechtssicherheit, da die Herrschaft nicht an die Zufälligkeit von Wahlergebnissen gebunden ist. Staaten mit autoritären Strukturen können Fördermaßnahmen auch nach innen besser und schneller durchsetzen.*

6 *– Im Vordergrund der Planung steht sicher der Ausbau von KL zu einer Global City. Es ist zu vermuten, dass dem die Ziele einer nachhaltigen Stadtentwicklung nachgeordnet sind,*
– dem Ziel der Nachhaltigkeit entsprechen,
– Reduzierung des Privatverkehrs durch guten Ausbau der Verkehrsinfrastruktur,
– Nebeneinander von Wohnen, Arbeiten und Versorgen,
– viel Grün,
– kompakte Bebauung,
– ob es im Sinne der sozialen Nachhaltigkeit zu einer sozialen und ethnischen Durchmischung der Bevölkerung kommt ist fraglich.

7 *Gemessen am Anteil der Chinesen an der Gesamtbevölkerung ist deren Anteil am Besitz von Unternehmen in den Ländern SO-Asiens überall überproportional groß. Hinzu kommt, wie das Beispiel Malaysias zeigt, dass auch das Einkommen der Chinesen im Vergleich zu anderen Bevölkerungsgruppen größer ist.*
Diese Situation führt zu Neid und Missgunst. Daraus resultiert wohl auch der Verdacht, dass die Chinesen durch Korruption und Kooperation mit den herrschenden Eliten zu ihrem Reichtum gekommen sind.

8 *Globale Bedeutung:*
– Knotenpunkt des Verkehrs zwischen dem atlantischen und dem pazifischen Wirtschaftsraum,
– Umschlagszentrum zwischen Welthandel und SOA-Handel,
Bedeutung für asiatisch-pazifischen Raum:
– Anbindung der lokalen Logistik an internationale Handelsrouten.

9 *– Fehlen einer volkswirtschaftlich relevanten Industrieproduktion, sowohl Konsum- als auch Investitionsgüter müssen importiert werden (wirtschaftliche Unterentwicklung),*
– allmählicher Rückgang der Importe durch schrittweisen Aufbau einer eigenen Industrie (Importsubstitution), weiterhin negative Handelsbilanz (beginnende Industrialisierung),
– weiteres Wachstum der eigenen Industrieproduktion, diese orientiert sich weiterhin vor allem auf den Binnenmarkt (industrielle Selbstversorgung),
– zunehmende Integration in die Weltwirtschaft durch verstärkte Ausrichtung des produzierenden Sektors auf Exportprodukte (exportorientierte industrielle Produktion),
– Verlagerung der arbeitsintensiven Fertigung ins Ausland, Nutzung der freien Kapazitäten für kapital- und technologieintensive Produktion, Import standardisierter Industriegüter (industrielle Reifephase).

10 *Ohne den „Leitvogel" Japan ist ein geordnetes Vorwärtskommen aller nachfolgenden Länder nicht möglich, Japan bestimmt deren wirtschaftliche Entwicklungsprozesse. So tätigt Japan z. B. auf der Suche nach industriellen Niedriglohnstandorten einen Großteil der ausländischen Investitionen in den Schwellen- und Entwicklungsländern des asiatisch-pazifischen Raums. Diese Investitionen bilden dann häufig den Impuls für einheimische Investitionen, z. B. im Zulieferbereich (vgl. Schülerbuch S. 158). Japan kann jedoch bei steigenden Lohnkosten von einem ursprünglich gewählten Standort seine Investitionen an einen neuen Standort mit dann niedrigeren Kosten verlagern.*
Die einzelnen Schwellen- und Entwicklungsländer der Region geraten somit in einen Wettbewerb um erfolgreiche Anwerbung von Kapital. Dieser spitzt sich u. U. zu politischen Konflikten zu. Die Schaffung attraktiver Standorte für den Weltmarkt kann die heimischen Investitionen ggf. so stark auf sich ziehen, dass sie in Räumen mit Entwicklungsrückständen in demselben Land nicht mehr zur Verfügung stehen. Damit kommt es zur Verschärfung räumlicher Disparitäten. Hierunter leiden häufig die zahlreichen ethnischen Minderheiten. Gleichzeitig dient Japan als Absatzmarkt für Eigenexporte der Schwellen- und Entwicklungsländer, z. B. für Rohstoffe wie Tropenholz oder Erdöl/Erdgas (vgl. Schülerbuch S. 162), für niedrig veredelte Güter oder Nahrungsmittel. Exportorientierte Produktion kann jedoch zulasten einer notwendigen Binnenmarktproduktion gehen. Armutserscheinungen in der Region lassen sich hiermit z. T. erklären.

Kapitel 1.6.1 – 1.6.4

Gründe für geringe Zusammenarbeit:
1 *– Wirtschaftskraft, Geschichte, Kultur, Religionen, politische Systeme der Staaten sind sehr unterschiedlich und erschweren die Zusammenarbeit.*
– Nicht gelöste Grenzkonflikte zwischen einzelnen Staaten, z. B. zwischen Indien und China.
– Größe und Strukturen der Staaten sind sehr unterschiedlich, so dass sich ergänzende Produktionsketten nicht immer erschließen lassen.
– Angst vor den Schwergewichten Japan und China bzw. Spezialprobleme, wenn z. B. China den Anrainerstaaten des Mekong das Wasser abgräbt.
– Unterschiedliche Zielsetzungen der einzelnen Staaten und Bündnisse, die z. T. nur wirtschaftlich (z. B. Freihandel), z. T. auch politischer Natur sind (z. B. Betonung von Menschenrechten).

2 *Positive Aspekte für den Aufstieg zu einer erfolgreichen Exportnation*
– Erneuerungspolitik (Do Moi) bzw. Transformation mit vietnamesischer Prägung seit 1986;
– Errichtung von Exportförderzonen, ähnlich wie beim Vorbild VR China;
– Beitritt zu verschiedenen Kooperationen im asiatisch-pazifischen Raum:
– Beitritt zur WTO und damit Abbau von Handelsschranken;
– niedrige Löhne bei hohem Arbeitskräftepotenzial;
– Zufluss ausländischer Direktinvestitionen aus Taiwan und Hongkong (Auslandschinesen);
– Technologietransfer durch sog. Leuchtturmprojekte.
Negative Aspekte, die gegen einen Aufstieg sprechen:
– Staatsunternehmen bilden immer noch industriellen Kern;
– Planwirtschaft spielt immer noch eine Rolle;
– diktatorisches kommunistisches Regime.

3 *Bedeutung des Reises für die Menschheit*
– Grundnahrungsmittel für mehr als die Hälfte der Menschheit;
– hoher Kopfverbrauch in den asiatischen Staaten, z. T. zwanzigmal mehr als in Westeuropa;
– Prägung der Kultur eines erheblichen Teils der Menschheit durch den Reisanbau;
– Reisexport und Reisimport spielen im Verhältnis zum Anbau keine besonders große Rolle; Anbau und Verbrauch fallen häufig räumlich zusammen;
– Reisanbau ist mit eine Ursache für den weltweiten Klimawandel.

4 *Landschaftsprägender Charakter des Reisanbaus*
– Große Teile der Länder, insbesondere der Flussebenen und Flussdeltas, zeigen unendliche Reisanbauflächen. Die großen Flussdeltas, z. B. Mekong-Delta, werden als „Reisschüsseln" Asiens bezeichnet.
– Reisanbaulandschaften werden durch ausgeprägte Bewässerungssysteme geprägt.
– In den Bergländern reiht sich häufig eine Reisterrasse an die andere.
– Aufgrund der hohen Temperaturen und der hohen Wasseransprüche sind Reisbaulandschaften grün: z. B. „Grünes China".

5 *Ölpalme umweltfreundlich?*
Pro-Argumente:
– Geschlossenes Kronendach einer Pflanzung sorgt für Beschattung und verhindert Austrocknung.
– Leguminosen als Bodendecker in Neupflanzungen vermindern Bodenerosion und sorgen für Stickstoffanreicherung.
– Produkte der Ölpalme sind biologisch abbaubar.
Contra-Argumente:
– Zerstörung tropischer Regenwälder;
– Trockenlegung von Torfmoorwäldern mit negativen Folgen für die Atmosphäre wegen größerer Mengen von Kohlendioxid in der Atmosphäre;
– Verschmutzung von Gewässern bei Weiterverarbeitung des Palmöls;
– Verlust von Biodiversität durch Monokultur;
– Zerstörung des Lebensraums von Tieren durch die Plantagen.
Urteil in Abhängigkeit von den erarbeiteten Argumenten.

3 Wenden Sie Ihr Wissen an – eine Klausur zum Üben

Thema: China – vom Agrar- zum Industriestaat

Aufgaben

1 *Arbeiten Sie unter Bezugnahme auf M1 und M2 heraus, ob China der Modellvorstellung des Übergangs von der Agrar- über die Industrie- zur Dienstleistungsgesellschaft entspricht.*

2 *Erklären Sie anhand von M5, M6 sowie einer Atlaskarte (z. B. Haack Weltatlas S. 140, Karte 1) das Verteilungsmuster chinesischer Industriestandorte.*

3 *Erstellen Sie eine Liste mit Gründen für die anhaltend hohen Wachstumsraten der chinesischen Industrie (M3).*

4 *Prüfen Sie, ob China immer noch als „verlängerte Werkbank" bezeichnet werden kann, die einfache Produkte für den Weltmarkt produziert (M6, M4).*

Material

M1 Strukturdaten des primären Sektors

	1978	2007
Anteil am BIP (%)	31	11
Anteil an den Erwerbstätigen (%)	68	41
Zahl der Beschäftigten (Mio.)	285	341
Anteil an den Exporterlösen (%)	37	3

Zusammenstellung nach verschiedenen Quellen

M2 Strukturdaten des sekundären Sektors

	1980	2007
Anteil am BIP (%)	48	49
Anteil an den Erwerbstätigen (%)	18	27
Zahl der Beschäftigten (Mio.)	55	206
Anteil an den Exporterlösen (%)	50	95

Zusammenstellung nach verschiedenen Quellen

M3 Entwicklung der industriellen Wertschöpfung

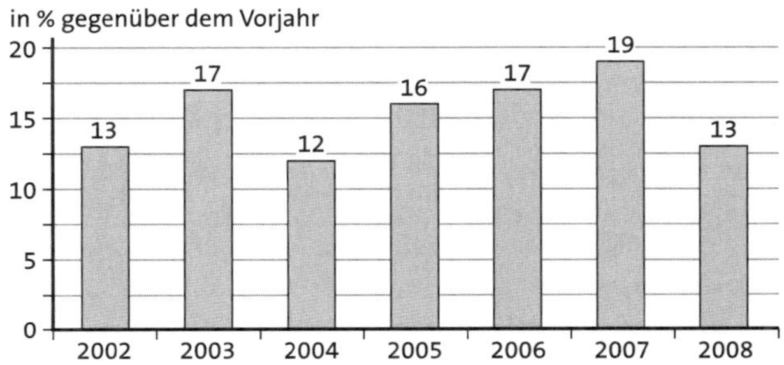

Nach National Bureau of Statistics (NBS). China Statistical Information Network. www.stats.gov.cn, ins Dt. übertragen von Botschaft der Bundesrepublik Deutschland Peking, auf: http://www.peking.diplo.de/contentblob/1574184/Daten/960406/widaten_kompakt_download.pdf

M4 Ausgewählte Ausfuhrgüter 2007 (Anteile an der Gesamtausfuhr)

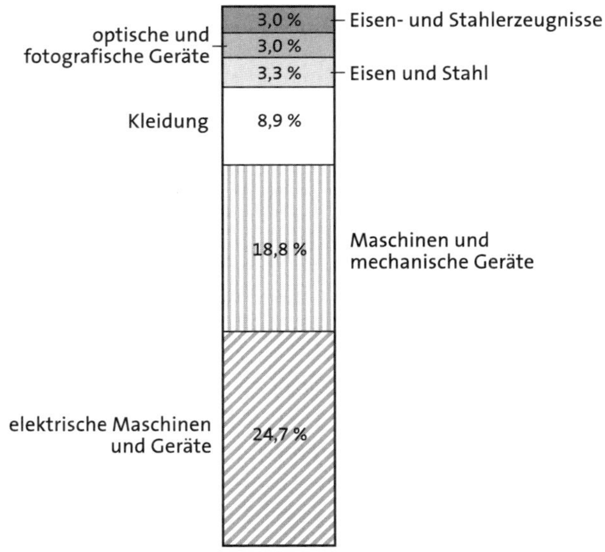

Nach Statistisches Bundesamt: Länderprofil China 2008

M5 Industrieentwicklung

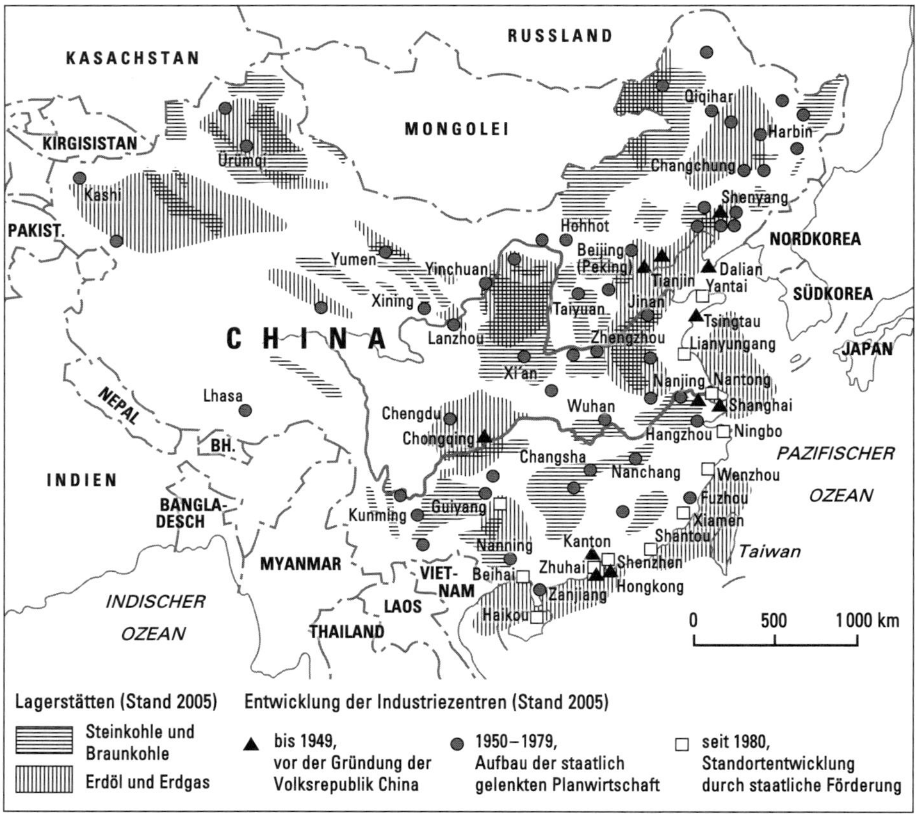

Haack-Weltatlas. Klett-Perthes Verlag. Gotha 2007, S. 149

M6 Wirtschaftsstruktur

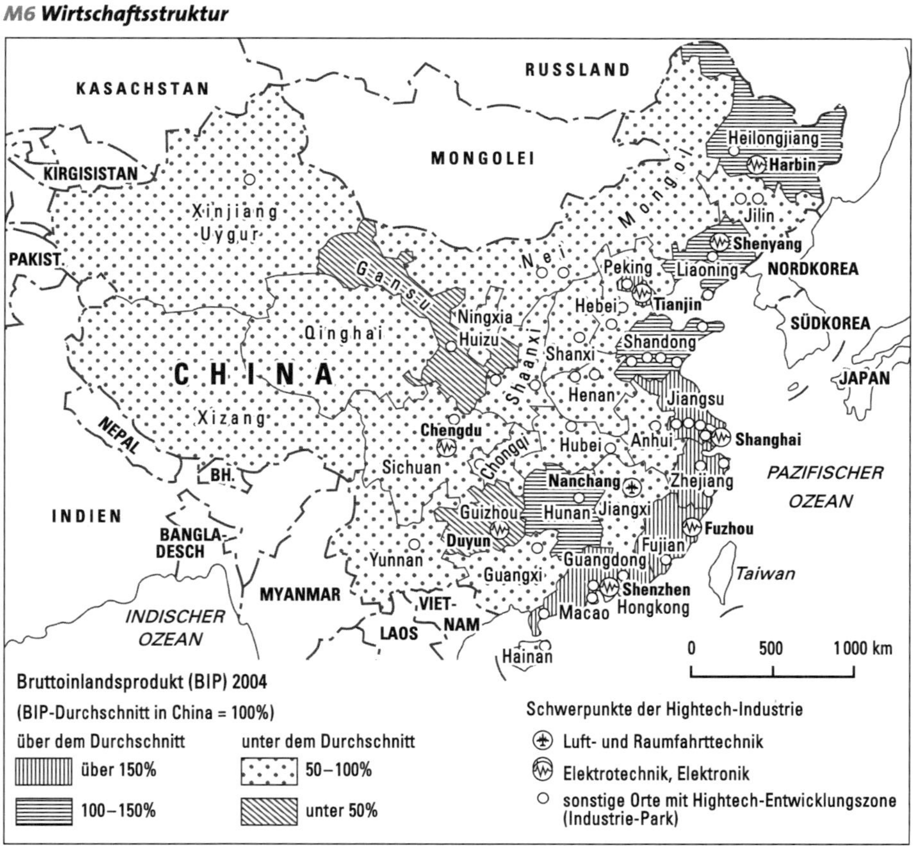

Haack-Weltatlas. Klett-Perthes Verlag. Gotha 2007, S. 149